カフェの世界史

増永菜生

SB新書
683

はじめに

「カフェ」から歴史を読み解く

日々の生活の中で身近な存在である「カフェ」。

一人でコーヒーを飲みたい時、がっつり甘いものを食べたい時、静かに本を読みたい時、友人とゆったり語らいたい時、仕事の話をしたい時、作業や勉強を進めたい時、お得なモーニングやランチを食べたい時、綺麗な写真を撮りたい時。私たちが様々な場面で利用するカフェは、その種類も規模も、そして営業形態も千差万別である。

何気なく入ったカフェを見渡してみると、そこにはコーヒーやお茶、お菓子があるほか、内装や食器、そしてお店のコンセプトがあり、そのどれ一つをとっても店ごとに特色がある。

そもそもコーヒーはいつから日本で飲まれるようになったのか、今食べているお菓子はどこの国に由来するのか、今自分が滞在しているカフェが創業した時の世界情勢はどのようなものであったのか。普段何気なく入ったカフェの中には様々な「なぜ」が隠されている。

カフェを構成するもの

カフェの世界史、この本を書くにあたり「そもそもカフェはどのような要素をもって構成されるのか」、また「どの地域の、どの時代を指してカフェの始まりとするか」という二つの疑問が浮かんできた。

まず一つ目の疑問について、現代においてカフェというものは、コンセプトや立地、雰囲気、ターゲット層などあまりにも多様化しているために「カフェとは何か」という答えを一つに絞るのはなかなか難しい。

本書では、カフェを構成するものを、コーヒーとお茶、お菓子、場所とインテリアとして考える。さらにそれらの要素の観点から、歴史的背景や経営方針の関係や、そのカフェを受容した人々を分析し、カフェから見た歴史を読み解いていく。

次に、どこの地域を、またいつの時代をもって「カフェ」の始まりとするかという二つ目の疑問についてであるが、本書ではロンドンのコーヒーハウスをカフェの始まりとして位置づけたい。

もちろんそれより前にヨーロッパにはコーヒーや茶、チョコレートが流入していただけではなく、喫茶習慣も存在していたのだが、あくまでもそれは特権階級の楽しみであった。一般の人々が、日常的に喫茶を楽しみ、さらにその場を介して様々なビジネスや学問、政治運動が生まれたというのが、ロンドンのコーヒーハウスだったのではないであろうか。

「もの」から見る世界史

本書を手に取ってくださった方の中には「また、『〇〇の世界史』か」と思った方もいるかもしれない。「〇〇」に様々な「もの」が入った世界史の本が多数出ている。

「もの」から見る世界史の本として、まず川北稔《かわきたみのる》の著書『砂糖の世界史』を挙げないわけにはいかない。1996年に刊行されたこの本は「砂糖」というものを鍵に、数百年分の様々な地域の歴史を語る。

学生の頃に歴史の授業を苦手にされていた方にとっては、歴史は地名や人名、年号の暗記科目というイメージが強いかもしれない。そんなイメージに反し、砂糖というキーワードを一つ設定するだけで、各時代や各地域の歴史を自由に横断するかのように見渡すことができる喜びを同書は教えてくれる。

さらにこの『砂糖の世界史』の他にも『茶の世界史』（角山栄《つのやまさかえ》・1980年）、『チョコレートの世界史』（武田尚子《たけだなおこ》・2010年）、『珈琲の世界史』（旦部幸博《たんべゆきひろ》・2017年）など、カフェには欠かせないものたちの「世界史」についての本が出されている。

また国家的、地域史的な枠組みに限定されることなく、ネットワークやものといった多様な視点から世界の歴史をより横断的に分析するグローバルヒストリーの分野では、すでに世界中の研究者が優れた成果を発表している。

「カフェ」という空間やそれを構成するもの、さらにはその空間から生まれるネットワークや政治的運動や文化などに着目する本書も、単一の民族と言語、宗教や文化を前提とする国民国家に基づく歴史観を相対化して、歴史を考えることを狙いとしている。

なぜ国民国家という枠組みのみで歴史を見ることを避けようとしているのか。

それは、国民国家を前提とした考え方は、外国勢力に対する自国民の結束を固める上では重要である一方で、単一の分類に当てはまらない存在を排除する可能性も孕《はら》んでいるからだ。現在の世界地図に描かれるような国家というものが形成されていったのは、19世紀に入ってからのことであり、また20世紀以降の二度の世界大戦や21世紀以降の様々な事件によっても国家の枠組みというものは常に揺れ動いている。

壮大な話になりそうで、この時点で尻込みしてしまう人もいるかもしれないが、安心して欲しい。

本書では、普段身近に楽しんでいるカフェや喫茶習慣というものは、どのような歴史的なルーツを持っているのか、どのような文化的背景とつながっているのか、飲み物とお菓子を片手に「なるほど」と思えるような、いつものカフェタイムがちょっと楽しくなるような話を展開していきたい。まず、地域的に生産・消費されていたお茶やコーヒーがどのようにしてヨーロッパに伝搬《でんぱん》し、より大規模な需要が生まれたのかについて説明しよう。

カフェの世界史　目次

第3章　万博と美術館とカフェ

CHAPTER 1

第1章

ヨーロッパに喫茶文化がやってきた

第1節　カフェ誕生前夜

大航海時代

「はじめに」にて「もの」から見る世界史という歴史学研究の流れを確認したところで、本節ではコーヒーやお茶がヨーロッパに流入するきっかけとなった大航海時代、コーヒーやお茶、チョコレートのヨーロッパにおける受容について説明していきたい。ヨーロッパ各地の政治、経済、社会を大きく変えた「大航海時代」は、イタリアでルネサンス文化が最盛期を迎えていた15世紀半ばに始まる。

それまでは、シルクロードを通じて細々とヨーロッパとアジア、ユーラシア大陸間の交流が続けられていたに過ぎなかったが、この大航海時代を経て、ヨーロッパ各地域を中心とする交易・経済のシステムが強引に確立された。また各地で交易が盛んになったことにより、カフェを語る上では欠かせない砂糖、コーヒー、お茶がヨーロッパ各地に流入することになった。

これらの食品は、今では当たり前のようにヨーロッパで手に入るものであるが、大航海時代以前のヨーロッパには存在しないものであった。例えば、パスタやピッツァ、サラダなどイタリア料理の様々なレシピに欠かせないトマトも、大航海時代を経て、新大陸から伝わるまではイタリア半島には存在しないものであった。

他国に先駆けていち早く海に乗り出したのは、スペインとポルトガルであった。

現在のスペインとポルトガルが位置するイベリア半島は、711年にウマイヤ朝が侵入し、キリスト教国の西ゴート王国を滅ぼしたことをきっかけに、長らくイスラーム勢力からの支配を受けていた。イベリア半島からイスラーム勢力を駆逐するレコンキスタは、1492年にスペイン王国が、イスラーム教国のナスル朝の最後の拠点グラナダを陥落させたことによって完了した。

ようやくキリスト教国としての権威を取り戻したイベリア半島のスペイン王国は、王家を中心に、他のヨーロッパ諸国に対抗するためにも中央集権化を進める必要があった。

イベリア半島に位置するスペインとポルトガルが、大航海時代をリードし、いち早くアフリカ、アジア、アメリカで交易網を築くことに成功した理由はいくつか考えられる。

まず、帆船は風の向きや潮の流れに大きく影響を受けることもあり、イベリア半島に位置する二つの地域は、交易を行う上で他の地域より地理的に有利であった。例えばポルトガルは、スペインに先駆けて1415年に北アフリカ・モロッコの都市セウタを攻略しており、これが大航海時代の始まりとされている。

その上、イベリア半島のイスラーム支配時代には、イスラームの数学や地理学、航海技術や造船技術がイベリア半島のキリスト教徒に伝えられていた。またユダヤ教徒はイスラーム教徒とキリスト教徒の仲介役を果たしたほか、天文学などのユダヤ教徒の学問をキリスト教徒に伝えた。このようなイベリア半島におけるイスラームとユダヤの文化的遺産を蓄積したポルトガルとスペインは、大海原《うなばら》に乗り出していくことになる。

まずポルトガルでは、アヴィス朝ジョアン1世が、アフリカ西岸に進出し、先述のセウタを攻略した。その息子のエンリケ航海王子も、これまで未踏の地であったアフリカ西岸への勢力伸張を試み、1455年にはアフリカ西端のヴェルデ岬（現在のセネガルに属する）に到達。またエンリケは、キリスト教を布教するという大義名分のもとに、非キリスト教地域の征服と貿易の独占権を認める勅書《ちょくしょ》をローマ教皇から獲得した。

さらにその後を継いだ国王ジョアン2世は、アフリカ南端への進出と、インドにつながる航路を開拓するために、バルトロメオ・ディアスを派遣し、1488年にはアフリカ南

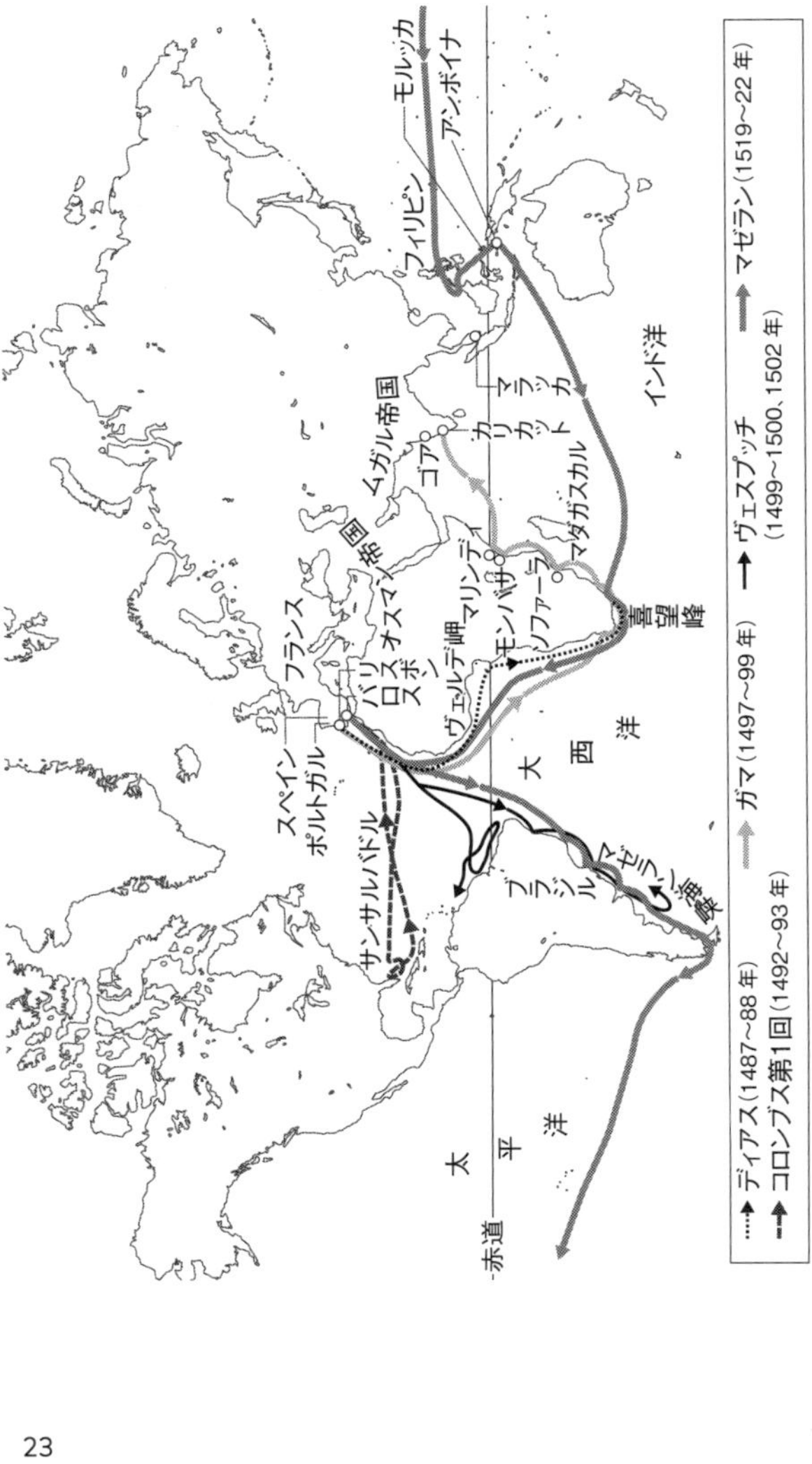

大航海時代の航路開拓

出典：「世界の歴史」編集委員会編『新 もういちど読む山川世界史』山川出版社、2017年、129頁をもとに作成

端の喜望峰に到達した。ジョアン2世の後を継いだマヌエル1世に派遣されたヴァスコ・ダ・ガマは、１４９８年にはインド西岸のカリカットに到達した。

その一方で、ポルトガルに対抗したいスペイン王室の支援を得たジェノヴァ出身のクリストファー・コロンブス（１４５１～１５０６）は、１４９２年に新大陸を発見した。当初、コロンブスは、この大陸をインドだと考えていたが、後に海を渡ったアメリゴ・ヴェスプッチによって、この大陸は、新大陸であることが判明したために、新大陸は、彼の名前に因《ちな》んで「アメリカ大陸」と呼ばれるようになった。

以降、スペイン王国は、インディオの土地を略奪し、インディオを虐待しつつ植民地を拡大していった。

一人の君主のもとで強い国家を作り、自国の経済を発展させることを試みるスペインとポルトガルにとって、新大陸からの物資は必要不可欠であった。その上、羅針盤や快速帆船など、航海に必要な技術の発展も各国による航海を後押しした。各国の政治的な意図のもと航海が行われた結果、新大陸やアフリカ、インドからは香辛料やサトウキビ、金や銀などがヨーロッパにもたらされた。

その上、ポルトガルは、16世紀前半には植民地のブラジルにおいて、安価な労働力としてのインディオを利用してサトウキビの栽培と製糖を大々的に行うようになっていた。インディオによる反発に対し、ポルトガルは厳しい措置を取ったが、1570年代にはアフリカからの黒人奴隷が労働力として使われるようになっていた。

こうして展開・成長した砂糖プランテーションは、ヨーロッパ諸国に大きな富をもたらすと共に、より手に入りやすくなった砂糖、つまり甘味は、各地域の食文化に影響を与えていくこととなった。

東インド貿易会社と植民地貿易

17世紀に入り、スペインとポルトガルの次に海上交易の覇権を握ったのは、イギリスとオランダ、そしてフランスであった。また1600年にはイギリス東インド会社が、1602年にはオランダ東インド会社が設立され、各地に置かれた商館を拠点として、香辛料や絹織物、茶、陶磁器といったアジアの特産品をヨーロッパに運び利益を得た。

特にイギリスは、自国からは雑貨や武器をアフリカへ輸出し、アフリカからは黒人奴隷を西インド諸島やアメリカ大陸に運び、さらに西インド諸島やアメリカからはタバコや綿花、砂糖を積んでイギリスに帰ってくるという三角貿易を行った。黒人奴隷はまるでもの

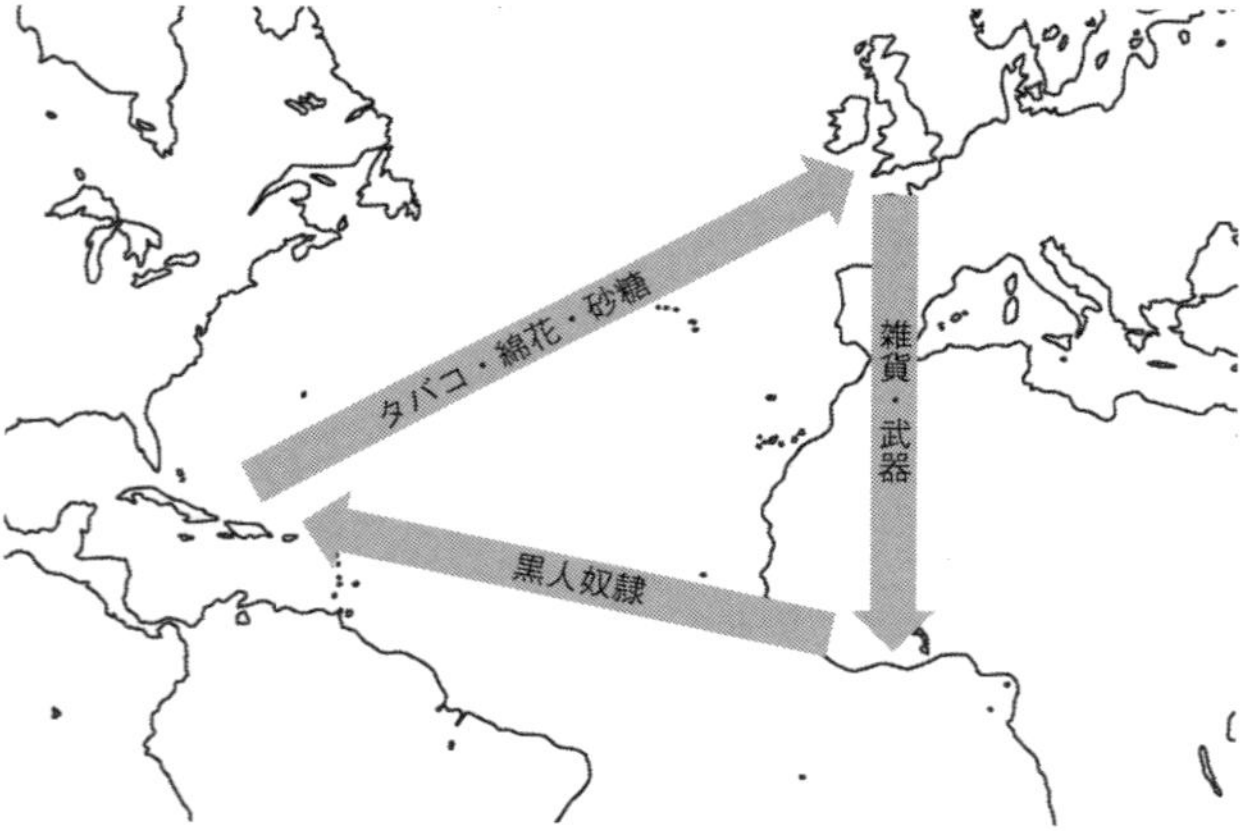

イギリスの大西洋三角貿易

のように扱われ、劣悪な環境の中、輸送されたために、目的地に到着するまでに多くの者が命を落とした。

このように自国の利益を最優先したイギリスでは、生活に欠かせないものとして、特にお茶の文化が定着していくことになるが、その詳しい説明については次の章ですることにしよう。

「茶の湯」に対する憧れ

新大陸やアフリカを犠牲にした交易と各国家の中央集権化が進んだ結果、ヨーロッパを中心とする交易・経済のネットワークが出来上がったが、もとより、アジアの洗練された茶の文化はヨーロッパの人々にとって神秘そのものであった。

ヨーロッパの国々は16世紀には日本や中国の茶を認識していたとされているが、ヨーロッパ各地域に本格的に喫茶の習慣が根付いたのは17世紀のことだとされている。抹茶を茶《ちゃ》筅《せん》で泡立てて飲む日本の茶の湯は、ヨーロッパでは定着しなかったようであり、どこの地域でどのような茶の飲み方が広まっていったかを特定するのは難しい。

新しいものがそれぞれの地域で定着する上で反発というものは常につきものであり、茶の場合は、各地で「茶は有害か、それとも健康によいか」という論争が巻き起こった。茶は全ての人に最初から好意的に受け入れられたわけではなかったが、まずは王侯貴族のサロンなど特権階級の間で、後に一般の人々の間で広まっていくこととなる。

イスラーム教とコーヒー

ざっと、カフェ誕生前夜の砂糖と茶の流入について見てきた。本節の最後に、今やカフェを語る上で欠かせないコーヒーはいかにして人々に飲まれるようになったのかについて説明したい。

もともとエチオピアで飲用されていたコーヒーは、アラビア半島の南端部に位置するイエメンに伝わり、イスラーム圏では秘薬として飲まれるようになっていった。特に15世紀のイエメンでは「カフワ」という飲み物が普及したとされているが、その普及に一役を買ったのは、スーフィーというイスラーム神秘主義者たちの一派であった。

エチオピアのイスラーム教徒は、白ワインを含め、様々な飲み物を「カフワ」と呼んでいた。15世紀にイエメンのアデンでは、エチオピアから伝わったカートという植物の葉から作る「カフワ」が飲まれるようになり、覚醒作用や食欲抑制、陶酔感などの作用をもたらすこの「カフワ」は、儀式に没頭するスーフィーの間で広まった。

ところがこのカートは保存することが難しいという理由から、代用としてコーヒーから作られた「カフワ」が発明され、スーフィーの儀式に取り入れられるようになったのである。

このように最初は宗教儀式に使われていたコーヒーの「カフワ」は、長期間の輸送や保存も可能なことから、イエメン全土へ、さらには他のイスラーム圏にも伝搬していった。それと共にコーヒーは、宗教儀式だけではなく、一般の人々の嗜好品《しこうひん》としても飲用されるようになっていき、16世紀に入るとカフェハネ（コーヒーハウス）が各地に造られていった。

コーヒーが普及したイスラーム圏の中でも、特にコーヒー文化の発展を後押ししたのは、オスマン帝国であった。1517年、オスマン帝国皇帝セリム1世が、カイロへ進軍し、エジプト・マムルーク朝を滅ぼした際にコーヒーを持ち帰ったとされており、その後、イスタンブールの人々にコーヒーが広まっていった。

当時、オスマン帝国の支配下に入っていたイエメンに対し、皇帝は、カートではなくコーヒーの栽培を奨励したことから、イスラーム圏でのコーヒーの普及に拍車がかかることになった。イスタンブールでは、カフェハネの流行と共に、様々なコーヒー器具が作られるようになり、イスラーム圏におけるコーヒー文化はますます洗練されていった。

セリム1世

16世紀末には、イスラーム圏を介してついにヨーロッパにコーヒーが伝わり、コーヒーおよびコーヒーを提供する場であるカフェは、それぞれの地域で発展を遂げていくことになった。

第2節　コーヒーハウスの誕生、全てはそこで完結する

ヨーロッパにコーヒーがやってきた

前節で確認したように、オスマン帝国などイスラーム圏で普及したコーヒーを飲むという習慣は、16世紀末にはヨーロッパ各地域に伝わり広まっていった。

その中でも、イギリスは、他のヨーロッパの国に先駆けて、1630年頃にはすでにコーヒーが普及していたと考えられている。今でこそ「紅茶の国」というイメージが強いが、実は茶がイギリスに伝わったのはコーヒーよりも後のことであった。

またアルメニア出身のパスカ・ロゼが、1652年にコーヒーを嗜《たしな》む場所としてロンドン初のコーヒーハウスを開くと、コーヒーハウスは瞬《また》く間にイギリス中に広まり、政治や経済、社会に強い影響を及ぼしていくことになる。

なぜ嗜好品であるコーヒーを飲むという場が、爆発的に増えていったのか。本節では、17世紀から18世紀にかけてのイングランドを舞台に、コーヒーハウスはどのようにして生

まれ、人々に受容され、どのような機能を持ったのかについて説明を進めたい。

コーヒーハウスが生まれた17世紀イングランドの社会的背景

コーヒーハウスの説明に入る前に、17世紀イングランドの政治体制や宗教上の問題、およびイギリスを取り巻く交易の状況について説明する。イギリスのコーヒー文化は、「議論」と「交易」が大きな背景となっているため、コーヒーの話から離れた説明が少々続くが、しばしお付き合いいただきたい。

1603年、イングランドの黄金期を築いたエリザベス1世（在位1558〜1603）が後継を残さずに逝去《せいきょ》すると、テューダー朝が断絶した。そこでスチュアート朝のスコットランド国王ジェームズ6世がジェームズ1世（在位1603〜1625）としてイングランド国王とアイルランド国王の座も兼任することとなった。このように複数の君主国の君主が同一人物である状態を「同君連合」と呼ぶ。

三つの王国は同君連合により同一の君主に従うことになったが、それぞれの国は別々の宗派を信仰していた。1604年、ジェームズ1世は、イングランドでは国教会を、スコットランドではカルヴァン派から生まれた長老派（プロテスタント）を信仰するように確

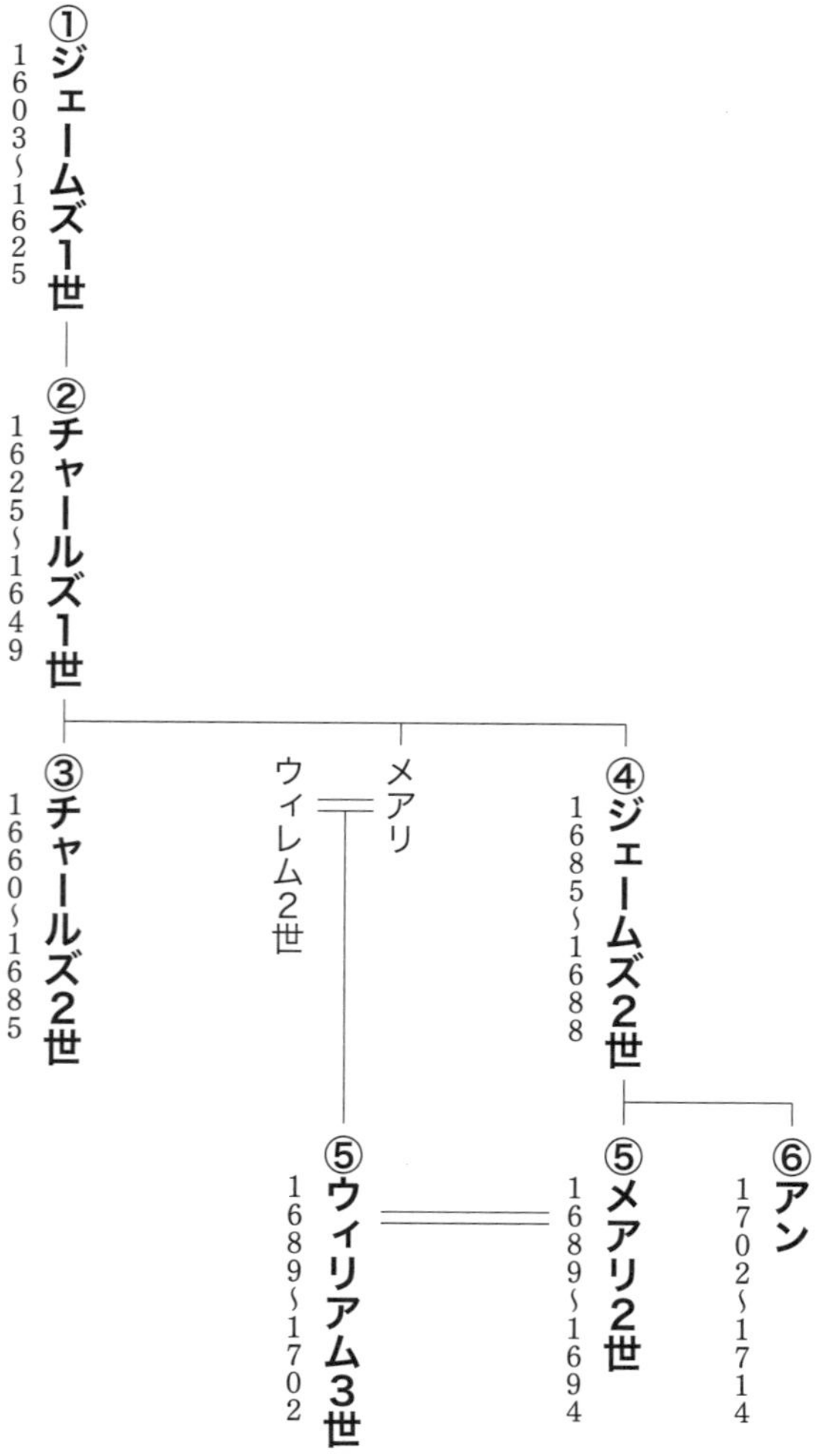
①ジェームズ1世
1603~1625
②チャールズ1世
1625~1649
③チャールズ2世
1660~1685
メアリ
ウィレム2世
④ジェームズ2世
1685~1688
⑤ウィリアム3世
1689~1702
⑤メアリ2世
1689~1694
⑥アン
1702~1714

スチュアート朝系図

認し、ブリテン島において宗派の棲《す》み分けをしようとした。

またジェームズ1世や、その後を継いだチャールズ1世は、国王の権力・権威は、神から授けられたものであり、王は法規を超越した存在であるという「王権神授説」を掲げた。王権を絶対化しようとし、長老派と同じくカルヴァン派から派生したピューリタン（プロテスタント）を弾圧した。

これに対抗し、ジェントリ（新興地主）やヨーマン（自営農民）など中産階級からなるピューリタンの割合が大きかった当時の議会は、1628年、権利の請願を起草し、法は王権に優先すると主張した。財政難を解消しようとした王は、特別税の承認と引き換えに、権利の請願を認可した。この請願は「議会の承認なしに課税しないこと、国民を法律によらずに逮捕しないこと」という国民の権利を明確にしたものであったが、承認直後にバッキンガム公が暗殺されたことから王と議会の関係は悪化し、議会は解散。ジェントリたちの不満は溜まっていった。

イングランド王の力は圧倒的なものかに思われたが、1640年にスコットランドで反乱が勃発、1642年にはイングランドで内乱が起こったために、王がそれを鎮圧するための戦費が膨れ上がった。こうして王の権威が揺らぐ中でピューリタンたちが立ち上がり、ピューリタン革命が勃発した。

革命の中でジェントリ出身のピューリタンであるクロムウェルが台頭し、国王チャールズ1世は処刑され、共和政が実現した。ところがクロムウェル自身がアイルランドやスコットランドを征服した上に議会を解散するなど独裁者となったために、彼の死後、スチュアート朝のチャールズ2世とジェームズ2世（在位1685〜1688）による王政が復活した（王政復古）。

ところで同じ王の名が続くのは、世界史を苦手とする人の理由の一つだろう。ここまでの流れをまとめると、ジェームズ1世、チャールズ1世ときて共和政、クロムウェルを挟んで、今度は王政復古の時代のチャールズ2世、ジェームズ2世の順である。

ジェームズ2世は、国教徒でもプロテスタント（ピューリタンや長老派）でもなくカトリックを擁護したために、1688年、議会は国王を追放した。この名誉革命によって、議会は、プロテスタントの国王メアリ2世（ジェームズ2世の長女）とウィリアム3世をオランダから迎え、1689年、二人は共にイギリス女王・国王に即位した。

このように、ピューリタン革命とは異なり、ジェームズ2世の追放から娘メアリと娘婿ウィリアムの即位までは無血のまま行われたことから、この一連の出来事は「名誉革命」

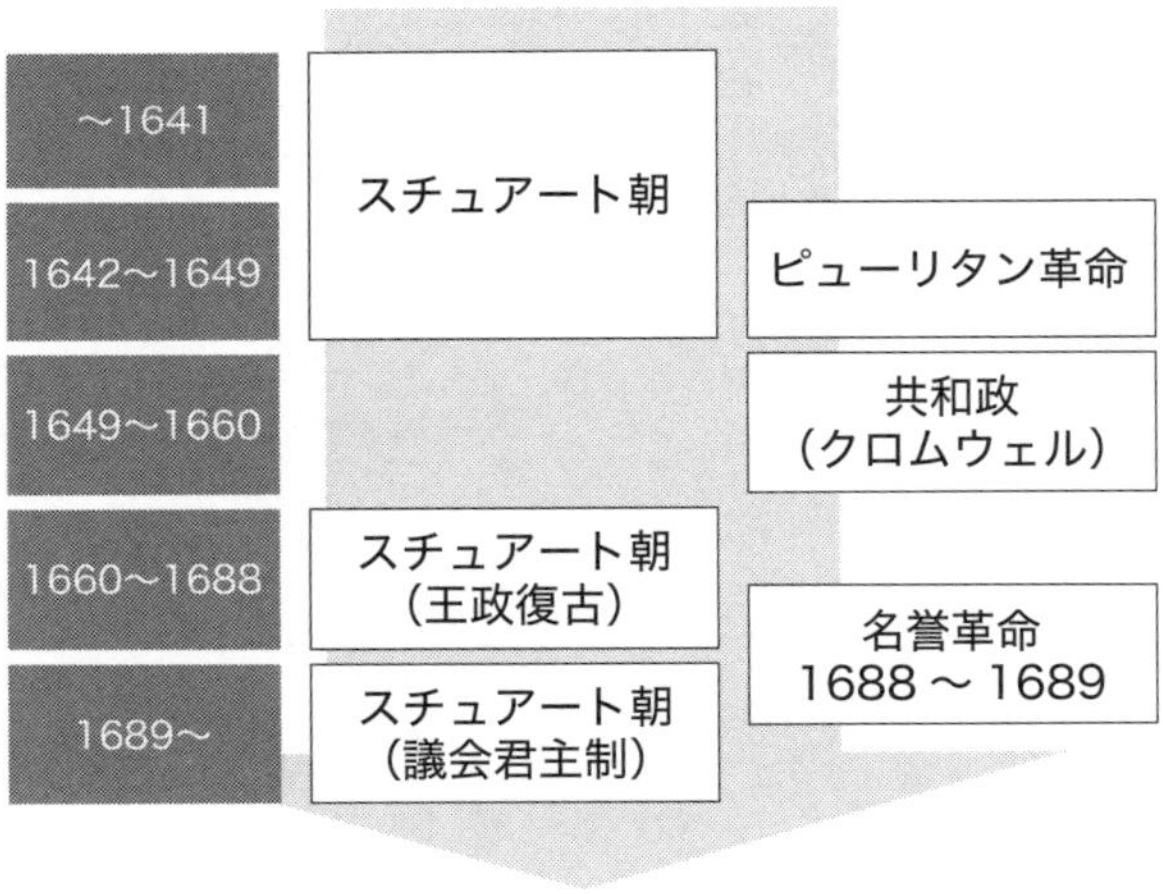

イギリス革命の流れ

と呼ばれた。

名誉革命は、確かにイングランド国内では無血で行われたかもしれないが、カトリックの前王ジェームズ2世を支持するアイルランドやスコットランド北部では反乱が勃発し、少なからぬ犠牲の上で鎮圧された。ともあれ、イングランドでは１６８９年に「権利の章典」が出され、以降、議会は毎年開催されることとなった。このようにして17世紀の終わりのイングランドでは、「議会君主制」が確立した。

大西洋帝国と生活革命

17世紀のイングランドは、オランダ、およびフランスとの戦争を経て、北アメリカにおける勢力圏を拡大した。特に現在のカナダとアメリカ合衆国の東海岸をめぐるアン女王戦争（1702~1713）の後の講和条約によって、イングランドは、フランスからニューファンドランドとアカディア、ハドソン湾を獲得した一方で、スペインからは南アメリカのスペイン領における奴隷貿易参入権を手に入れた。

またもともとポルトガルやスペインが行っていた、西アフリカからカリブ海やアメリカ大陸に黒人奴隷を運び、アメリカ大陸から砂糖や穀物などをヨーロッパに運び、ヨーロッパからは武器や工業製品を西アフリカに運ぶという三角貿易には、イングランドやオランダも参入するようになった。

さらにイングランドは、バルバドスやジャマイカを植民地として手に入れ、そこでサトウキビ栽培を行ったために、17世紀後半には砂糖の価格が下落した。これまで高級品であった砂糖などが人々の手に入りやすくなったことから、イングランドでは、コーヒー、カカオ、タバコ、そして茶といった嗜好品やインドからの綿織物の消費量が増大した。

これらの物資は、イングランドの人々の生活を大きく変えることになったために、この一連の変化は生活革命と呼ばれている。

以上のように17世紀のイングランドは、アイルランドやスコットランドの統治をめぐる問題や、国教会とピューリタン（プロテスタント）、カトリックの宗教的問題、さらには二度の革命を引き起こした国王と議会の衝突など、常に不安定な状況であった。その一方で、イングランドは、西インド諸島や北アメリカに築いた植民地によって豊かな物資を享受し、人々の生活は大きく変わろうとしていた。

市民に開かれた公の場、コーヒーハウス

17世紀のイングランドの人々にもたらされた様々な生活の上での変化の一つに、コーヒーハウスの誕生が挙げられる。

1652年、アルメニア出身（シチリア出身という説もあり）のパスカ・ロゼが、ロンドンで初めてのコーヒーハウスを開いた。このロゼは、商人ダニエル・エドワーズの召使いとしてレヴァントからロンドンにやってきた。ロゼが、毎朝主人のためにコーヒーを淹《い》れていると、物珍しい飲み物にロンドンの人々は集まってきた。エドワーズは、コーヒーを楽しみつつ談笑できる場として、ロゼに店を開かせたのであった。

このロゼの店を皮切りにコーヒーハウスの人気に火がつき、次々と店がオープンし、1683年には3000軒、1714年には8000軒のコーヒーハウスがロンドンにあっ

18世紀ロンドンのコーヒーハウス

たと言われている。２０２１年（令和3年度）の東京都における喫茶店の数は、５０７７軒であることを考えると、17世紀末から18世紀初頭にかけてのロンドンのコーヒーハウスの爆発的な人気がいかに凄《すご》かったかを想像することができるであろう。

なぜ単にコーヒーを飲む場が、これほどまでにロンドンの社会に浸透していったのであろうか。それはコーヒーハウスが「公」の場としての機能を十分に発揮したことにある。

前述の通り、17世紀半ばのピューリタン革命を経て、イングランドには議会政治が定着しようとしていた。実際に議会に参加していたのはジェントリであり一般の市民たちではなかったが、市民たちは、コーヒーハウスに集まり交流し、政治について議論した。

またある者は、文学や哲学など学問についての議論を熱く交わし、そこは大学さながらであった。

コーヒーハウス誕生以前は、市民たちの集まる場といえば酒屋であったために、酒が進むにつれて酩酊《めいてい》した人々同士では議論も進みようがなかった。ところが、コーヒーを飲み、カフェインで冴《さ》えわたった人々は、ますます議論に花を咲かせた。

常に新しい情報が循環するコーヒーハウスでは、新聞が作られるようになった。さらに遠方からの最新の情報を得るために、手紙を確実に受け取る場が必要となり、1680年から1683年にかけて、コーヒーハウスを拠点の一つとする郵便制度が整えられた。コーヒーハウスに集まった市民たちの中には、交易商人もおり、自分の船の積荷や天候について話し合うようになる。こうして保険というビジネスもコーヒーハウスで生まれた。

市民がコーヒーハウスという公の場で交流し、議論することで、次々と新しいビジネスや制度、ジャーナリズム、そして学問が生まれ、発展していった。まさに市民社会の興隆によって活性化した流れであったが、「世論」の力が大きくなり過ぎることが恐れられたために、王政復古の時期にはコーヒーハウスに対して閉鎖令が出された。

その上、コーヒーハウスに出入りすることができたのは、男性のみであったために、女性たちは、コーヒーハウスに入り浸るあまりに家に何時間も帰ってこない夫に対する不満を募らせた。

このようにイギリスの社会を大きく変える一つの要素となったコーヒーハウスであったが、18世紀には徐々に衰退していくことになる。

開かれたコーヒーハウスから閉鎖的なクラブへ

17世紀のイングランドにおいて市民に開かれた社交場として発展していくかに思われたコーヒーハウスは、18世紀半ばに入るとかつての勢いを失い、1739年にロンドンに存在したコーヒーハウスは551軒にまで減少していた。

その理由については様々な説があるが、一つには、コーヒーハウスに集まった人々の多種多様な思考や趣味、さらには社会的出自を共有する人たちの間で閉鎖的なクラブが形成されていったことにある。

クラブといってもその種類は様々で、醜い顔をした人のクラブや痩せている人のクラブなど一見ふざけたクラブもあれば、文芸や芸術のクラブもあった。これらのクラブは、コ

18世紀のティータイム

ーヒーハウスのように自由にできるものではなく、会員の紹介が必要であり、限られた人しかアクセスできなかった。

　またコーヒーと並行して、イングランドでは紅茶に対する熱も高まっていった。特にポルトガルから嫁いできたチャールズ2世の妃キャサリンや、名誉革命を経て王座についたメアリ2世、さらにその後を継いだアン女王は東洋趣味を愛好しており、宮廷や上流階級の間では中国製の陶磁器で楽しむお茶が流行した。上流階級の女性たちは、紅茶やホットチョコレート、バター付きのパンといった内容の朝食をお洒落《しゃれ》なティーセットで楽しんだ。

　やがて中産階級の間で午後4時のアフタヌ

ーンティーの習慣が定着していくのは、19世紀に入ってからと言われているが、船来品の砂糖や陶磁器、そしてお茶によって構成される優雅なお茶の時間は、イングランドの上流階級の特権的な楽しみであった。

ボリス・ジョンソン流ティーセレモニー

さて17世紀から18世紀にかけてのイングランドの社会では、市民に開かれたコーヒーハウスが徐々に閉鎖的なクラブに取って代わられるようになった一方で、上流階級の楽しみとしてのお茶の文化が流行していったことを確認したが、このお茶の文化と閉鎖的なクラブは、今のイギリスでも形や性格を変えつつ人々の生活に息づいているようだ。

例えば、イギリスのボリス・ジョンソン元首相（在任2019年7月〜2022年9月）のシニカル、かつ英国紳士としてのよき振る舞いとも取れる「ティーセレモニー」を挙げることができる。

ボリス・ジョンソン元首相は、外相時代の2018年にイスラーム教徒の女性たちが身につける「ブルカ」を揶揄《やゆ》したことで、各方面から非難を受け、報道陣は彼の自宅の前にコメントを求めるために張り込んだ。報道陣はオロオロする姿を映したかったのであろうが、生粋《きっすい》の英国紳士である彼はそんなことで狼狽《うろた》える人物ではない。

彼は、親鳥から餌を欲しがる小鳥たちのようにコメントを待つ報道陣に対して「紅茶をどうぞ」と、長時間自宅前に張り込む報道陣を救うという「人道的使命」のために紅茶を配り、記者からの追及に一切応じることはなかった。

しかもここでのボリス・ジョンソンの服装はヨレヨレの部屋着で、一応紅茶はお盆で振る舞っているものの、マグカップは量販店で売っているようなデザインもバラバラな安っぽいもの（しかしこういうカップは意外に丈夫だったりする）、紅茶に入れるミルクも砂糖もスーパーから買ってきたそのままの状態で、もちろん砂糖壺やミルクポットなどに入れ替えられてもいない。

報道陣に紅茶を振る舞うボリス・ジョンソン
写真：ロイター／アフロ

要するに「紅茶をどうぞ」とは、とても優雅な申し出に見えるが、振る舞う側の様式はかなり簡略化されたものである。ボリス・ジョンソンの家ならば、豪華なティーセットはいくつもあると想像できるが、彼は大多数のイギリス国民の家にあるようなマグカップとスーパーの砂糖とミルクで記者をもてなした。

このボリス流ティーセレモニーによって、一応紳士的に記者からの質問を遮断《しゃだん》し、粗末なティーセットで自宅までしつこく追及にくる記者たちを華麗に蹴散らした。その一方で、この報道を見ている国民の大多数に対しては「ボリス・ジョンソンでもあんな庶民的なティーセットを使うんだ」と親しみを持たせた。

なんと答えてもマスコミに大々的に報道される難しい状況において「紅茶をどうぞ」で乗り切ったボリス・ジョンソン。

当初は上流階級の楽しみとして浸透したお茶の習慣は、数百年の時を経てイギリス社会に定着し、家庭でも身近なものとなった。イギリスのエリート中のエリートであるボリス・ジョンソンは、そんなティーセレモニーを巧みに使い、自分を演出したわけだが、気になるお茶の文化の普及と変遷についてはさらに次の章で検討していくことにしよう。

第3節　アルプスを越えたザッハトルテ

オーストリアを代表するお菓子「ザッハトルテ」

オーストリア・ウィーンを代表するお菓子「ザッハトルテ」(Sachertorte) というとどんなものを思い浮かべるであろうか？　日本の喫茶店やカフェでも、チョコレートケーキやガトーショコラを提供しているところはわりと見つけやすいかもしれない。ところが、ザッハトルテとなると、日本国内で食べることができるお店は限られてくるのではないであろうか？

この節では、そんなザッハトルテから、近世イタリアとハプスブルク家の関係を紐解《ひもと》いてみたい。

ザッハトルテの起源とオーストリア外相メッテルニヒ

まずザッハトルテの起源について簡単に説明しておこう。ザッハトルテは、１８３２年

ホテル・ザッハーのザッハトルテ

にクレーメンス・フォン・メッテルニヒ（Klemens von Metternich, 1773〜1859）の命令によって生まれたとされている。

このメッテルニヒは、オーストリア帝国の外相として、ナポレオン戦争後の秩序回復に努め、1814年から始まるウィーン会議を主導した。

そしてウィーン会議から20年近く経った1832年、オーストリア帝国の外交を支えていたメッテルニヒは、弱冠16歳の料理人フランツ・ザッハー（Franz Sacher, 1816〜1907）に対し「今夜、私に恥をかかせることがないように」とプレッシャーをかけつつ、来賓《らいひん》をもてなすためのデザート作りを命じた。

若き料理人ザッハーは、チョコレート風味のバターケーキに杏《あんず》のジャムを塗り、チョコレートでコーティングしたケーキ、ザッハトルテを考案した。チョコレートの上品な甘さを堪能《たんのう》することができるこのケーキ、ザッハトルテは、砂糖が入っていないフレッシュな生クリームと一緒に食べると、濃厚なのに不思議とスイスイ口に入ってしまう。

メッテルニヒの命令により生まれたザッハトルテは、たちまち評判となり、オーストリア帝国を訪れる人々の心を摑《つか》んだ。フランツ・ザッハーの息子エドゥアルドにより、1876年にホテル・ザッハーが建てられると、このホテルはザッハトルテの発祥の地としてその名を世界に知らしめた。今でもホテルのカフェでは、一族の間で継承されてきたレシピで作られた元祖ザッハトルテを食べることができる。

メッテルニヒは、19世紀前半のヨーロッパ情勢においてかなり重要な役割を果たしている人物であるために、もう少し説明を加えることとしよう。

18世紀末から19世紀初頭にかけて、フランスの軍人ナポレオンは、ヨーロッパ各地に侵攻し、その勢力圏を拡大していった。1796年から1815年にナポレオンによって展開された戦争は「ナポレオン戦争」と呼ばれている。当初、外国勢力からフランス革命を守るために始められたこの戦争は、次第にナポレオンの野望を叶えるための侵略戦争という面が強くなっていったことは否定できない。

ナポレオンの栄光は永遠に続くかのように思われたが、ナポレオンが1813年に失脚すると、ヨーロッパ各国は政治的秩序を回復する必要に迫られた。

1814年9月、フランス革命前の体制にヨーロッパの秩序を戻すこと（正統主義）を目標に、ウィーンに各国の代表が集結した。このウィーン会議を主導し、ナポレオン戦争後のヨーロッパにおける国際秩序の土台を築いたのが、オーストリア外相メッテルニヒであった。ロシア、プロイセン、イギリス、フランス、そしてオーストリアの君主と代表たちは、ザクセンやワルシャワ公国などの処理をめぐり協議を重ねた。

しかしながら「会議は踊る、されど進まず」と揶揄された通り、ウィーン会議はなかなか進行せず、無駄に舞踏会が連日開催されただけであった。ところが、これらの各国の代表を相手に議長を務めたメッテルニヒは、優れた外交手腕を発揮した。1815年6月、ついにウィーン議定書が調印され、ここにフランス革命とナポレオン戦争を経た保守反動体制であるウィーン体制が築かれることとなった。

ウィーン会議の功労者であったメッテルニヒであったが、晩年には、皮肉にも自らが作り出したウィーン体制に反発する反体制派によって地位を追われることになる。このウィ

ウィーン会議の風刺画「会議は踊る」

ーン体制に反発する動きとして、自由主義を掲げる１８４８年革命が起こったが、この革命についてはまた別の節で取り扱うこととしよう。

イタリアのザッハトルテ、サケ

話をメッテルニヒからザッハトルテに戻す。実はイタリアにも、オーストリアのザッハトルテとほとんど同じお菓子が存在する。その名も、ザッハー（Sacher）をそのままイタリア語読みした「サケ」（Sacher）。

筆者は、ヨーロッパのカフェや菓子店で注文する前に「これは何か？」とお店の方に質問することが多いのだが、何やらチョコレートケーキのようなものを指さして「サケ」と言われた時にはなんのことか分からなかった。日本語で「サケ」といえば、「酒」か「鮭」を連想することもあり、「サケ」がお菓子を意味するとはすぐには頭の中で結びつかなかった。

ところがメニュープレートをよくよく見てみると、確かに「Sacher」（サケ）と書いてあるが、どうやらイタリア語ではなく外国語のような綴《つづ》りである。たまらず「Sacher」とネットで検索してみると、ザッハトルテの画像が続々出てきたところで、これはドイツ語の「ザッハー」(Sacher) であることにようやく気づいた。

イタリアのサケの一例

「ザッハトルテ」と日本語では認識しているものの、ドイツ語学習者でない筆者は、「ザッハー」と「サケ」が同じケーキを意味していることにすぐには気づけなかったわけである。

イタリアには、一人前の普通サイズのケーキをそのまま四分の一か五分の一のサイズまで小さくしたパスティチーノ (Pasticcino) という名前のお菓子があるのだが、ミニサイズバージョンの「サケ」も定番メニューとして提供しているお店も多い。

もちろん普通サイズやホールケーキサイズの「サケ」もあり、見た感じはオーストリアで売られているザッハトルテと概《おおむ》ね同じである。しかしながらオーストリアのデメルやザッハーではサイズが均一で綺麗な箱に入れられているのに対し、若干イタリアの「サケ」の方が、形もバラバラでホームメイド感が溢《あふ》れているような気がする。

ミニサイズ版の「サケ」を実食したところ、濃厚なチョコレートケーキの中に杏のジャムが入っていて、見た目も味もザッハトルテそのものであった。それではなぜ、このようにイタリアでザッハトルテこと「サケ」が広まっているのであろうか。

イタリア半島の運命を変えたイタリア戦争

イタリアでザッハトルテ「サケ」が広まり定着した理由として考えられるのは、イタリア半島の一部の地域が、ハプスブルク家の支配下に入っていた時期があったからである。ここでは、イタリアが経験した「外国支配」時代について触れることとしよう。

イタリアの歴史において、イタリアが政治的自立を失う契機となったと考えられているのが、１４９４年に始まるイタリア戦争である。

この戦争は、フランス王シャルル8世が、ナポリ王国の継承権を主張し、軍を率いてイタリア半島に南下したことによって勃発した。このフランス王の進軍に対抗する形で、スペイン王国、神聖ローマ帝国、イングランド王国もイタリア半島へ勢力を伸張した。それればかりか、教皇庁やヴェネツィア共和国、フィレンツェ共和国といったイタリア半島の都市国家、さらには傭兵隊長や地方都市などの小勢力まで、様々な政治的主体が自らの利害を主張して相争った。

イタリア半島内の争いは長引き、1527年には神聖ローマ皇帝兼スペイン王カール5世が率いる軍が、ローマで略奪行為の限りを尽くすなど（ローマ劫略《ごうりゃく》）、イタリア半島各地は疲弊していった。

最終的にカトー＝カンブレジ条約が結ばれて戦争が終結したのは、戦争開始から60年以上が経過した1559年のことであった。

フランス王アンリ2世（妻はメディチ家出身のカトリーヌ・ド・メディシス）、スペイン王フェリペ2世、イギリス女王エリザベス1世との間で結ばれたこの条約は、フランス王がイタリアにおける権利を放棄し、ハプスブルク家率いるスペイン王国がナポリ王国とミラノ公国を統治するというものであった。

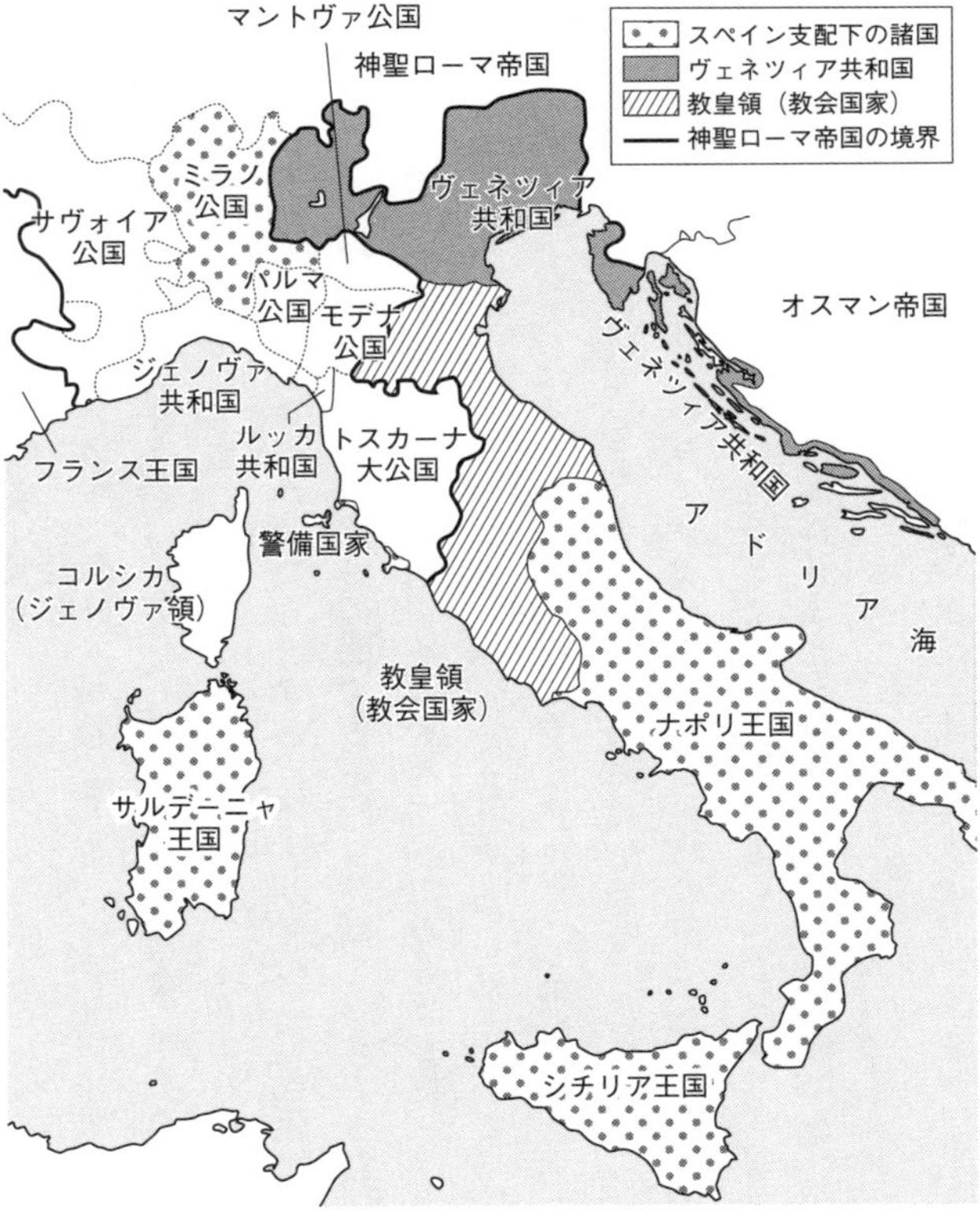

17世紀半ばのイタリア。強国に挟まれつつ一定の自治を保つ
出典：藤内哲也編著『はじめて学ぶイタリアの歴史と文化』ミネルヴァ書房、2016年、76頁をもとに作成

イタリアの「外国支配」時代の始まり

15世紀末から16世紀半ばのイタリア戦争を契機として、イタリア半島の各地は、政治的に外国勢力に従属する、「外国支配」の時代に突入したと考えられてきた。その後、イタリアが一つの国家として統一されたのは、1860年代から1870年代にかけて、ガリバルディの活躍を待たねばならなかったことから、イタリアの「近代化」の遅れの原因として、この「外国支配」の時代は研究者の間で否定的な評価をされてきた。

例えば、日本の一般的な世界史の教科書を思い浮かべてみるならば、イタリアは、ルネサンス美術とメディチ家、マキァヴェッリが言及されてからほとんど言及されなくなり、次にイタリアが登場するのは、1860年代のガリバルディとヴィットーリオ・エマヌエーレ2世が主導した国家統一（リソルジメント）の時代である。

16世紀から18世紀にかけてのヨーロッパの歴史の流れの中で教科書に登場するのは、フランスや神聖ローマ帝国、プロイセン、イギリスなどといったイタリア以外の諸地域である。これらの他のヨーロッパ諸国よりも「近代国家」の形成が遅れたという事実は、イタリアのコンプレックスとなった。

ところが近年では、領主や党派、傭兵隊長、地方貴族など、イタリア半島内の政治的分裂の原因となった主体の役割が研究者たちの間で再評価されるようになってきた。

実際、イタリア半島は、イタリア戦争を機にその全てが外国勢力の支配下に置かれたわけではなく、ヴェネツィア共和国、サヴォイア公国、教皇領、トスカーナ大公国（前身はフィレンツェ共和国）、ジェノヴァ共和国、パルマ公国、モデナ公国など、ある程度の自治を保った諸都市もあった。

これらの諸都市は、近代的な意味での「国家」のような統治システムを持っていたわけではないが、逆にいえば大きな戦争に巻き込まれることを避けて比較的長期間、存続することができた。

政治的には疲弊した近世のイタリア諸都市であったが、各地にはいまだに古代ローマとルネサンスの文化遺産があった。そのために17世紀初頭から19世紀初頭にかけて、多くのイギリス貴族の若者たちは、学業を修了した後に出かける旅行、グランドツアーの行き先として、イタリアを選んだ。

フランスと並ぶ人気の旅行先であったイタリア。イタリア半島内には、ヨーロッパ諸勢力がその覇権を争う地域もあり、全てが平和であったわけではないが、ヨーロッパ諸勢力同士の大きな衝突の陰に隠れて、その文化的価値を保つことができたのである。

ハプスブルク家の啓蒙思想の影響

16世紀以降、イタリアの各地域がハプスブルク家やフランス王家の政治的影響を受けたことはすでに確認したが、神聖ローマ皇后マリア・テレジア（1717〜1780、在位1740〜1780）とその息子である神聖ローマ皇帝ヨーゼフ2世（1741〜1790、在位1765〜1790）は、啓蒙専制君主として、神聖ローマ帝国の統治下にある地域の近代化政策に努めた。

特にヨーゼフ2世が行った改革として、農奴解放令や宗教寛容令など人道的な政策が挙げられる一方で、北イタリアなど一部地域を除いて帝国内の公用語をドイツ語に統一する言語統一令など、やや急進的とも思われる統一国家に向けての政策も見られる。

マリア・テレジア

確かに急進的過ぎる「上からの」政策もあったが、ハプスブルク家の君主たちによる啓蒙思想の影響を受けた政策は、支配下の地域に公共施設の建設や教育制度の普及をもたらしたという面も否定することはできない。君主たちは、各地に病院や学校、文化施設を設け、主権者として臣民の強化に努めた。

例えば、ミラノを代表する文化施設である劇場スカラ座（Teatro alla Scala）も、実はマリア・テレジアの主導によって作られたものであった。1778年に落成したこの劇場の柿落《こけら》としには、ハプスブルク家の宮廷音楽家アントニオ・サリエリ（1750～1825）が作曲した『見出《みいだ》されたエウローパ』（Europa riconosciuta）が上演された。その後、スカラ座は、数々の優れた作曲家や演者たちが生み出す作品によって、人々の憧れの社交の場となっていく。

スカラ座

確かにイタリア半島内には「外国に支配」された地域もあったかもしれないが、その支配によって今に伝わる文化遺産が残されたことも事実である。

ザッハトルテはアルプスを越えた

さて、話をザッハトルテに戻そう。ザッハトルテは、1832年にオーストリア・ウィーンで誕生したことは確認した通りであるが、このザッハトルテがいつ、イタリアに伝わったのかという確かな情報を見つけることができなかった。

例えば、イタリアのどこかの老舗《しにせ》菓子店が「うちが○○年にウィーンからレシピを持ち帰り、以降、ザッハトルテ（サケ）を作るようになった」という主張をしているならば、レシピが伝わった時期が分かりやすいのだが、そのような話はどこにもなく、ただイタリア各地の菓子店で「サケ」が見られるだけである。

ウィーンのデメル店内

ザッハトルテをウィーンで考案したホテル・ザッハーは、そのレシピを門外不出としようとした。ところが3代目のエドマンド・ザッハーが、資金援助をしてくれたハプスブルク家御用達の菓子店デメルに販売権を渡したことから、後にホテル・ザッハーとデメルは、ザッハトルテの商標権をめぐって裁判で争う事態となった。

結果的にホテル・ザッハーとデメル、双方にザッハトルテの販売が認められることとなったが、今、ウィーン中のカフェや菓子店でザッハトルテが販売されていることを見ると、美味《おい》しいものが広がることは誰にも止めることができなかったようである。

ホテル・ザッハーとしては、元祖ザッハトルテを食べることができるのは、ウィーン本店、ホテルの支店があるザルツブルク、ゼーフェルトのみであると言いたいかもしれないが、ザッハトルテは、軽々とアルプスさえも越えてしまったようである。

カトリーヌ・ド・メディシス

　ちなみに、ザッハトルテが生まれるおよそ300年前の1533年、イタリア戦争の真っ最中に、メディチ家出身のカトリーヌ・ド・メディシス（1519〜1589）は、フランスのヴァロワ家の王子、オルレアン公アンリ・ド・ヴァロワ

（後のフランス王アンリ2世）と結婚した。その際に、イタリアの宮廷文化と共にアイスクリームもフランスの王室に持ち込まれたとされている。

アルプスを越えたのは、古代カルタゴの将軍ハンニバル、ルネサンス期のフランス王シャルル8世、そしてフランス革命後の新しい時代を作ったナポレオンだけではなかった。いつの時代も甘くて魅力的なものは、軽々とアルプスを越えてきたのだ。

CHAPTER

2

第2章

革命前夜のカフェと喫茶習慣

第1節　産業革命とイギリス社会

イタリアの工事現場で働く人々は……

何事も計画通りに進まないイタリア。特に大都市では、常にどこかしらで工事をやっている気がする。

そのためにふらりと街に出ると、蛍光オレンジや黄色の作業着やベストに身を包んだ工事現場の男性を見る（不思議と女性の方はまだ見たことがない）。ミラノの中央駅やガリバルディ駅のエリアでは、近年特に高層ビルが次々と建てられているせいか、近くのバールやジェラート屋では、工事に携わる人々が作業着のまま入ってきて休憩している場面にしばしば出くわす。

激しい労働の合間の糖分とカフェイン補給。賑《にぎ》やかに話す彼らを見ていると、ミラノの大発展を支えているのは、「工事のおっちゃん」であると改めて思うのである。

さて、このようなインフラや建設、そして工場での労働者が誕生したのは、いつであったのであろうか。

世の中が大きく工業化し、新たな雇用が生まれたのは産業革命がきっかけであったと考えられている。18世紀後半のイギリスの綿工業における技術革新を機に始まった産業革命。以降、ヨーロッパの各国では、石炭や石油といった新たなエネルギーの使用や、鉄道や蒸気機関車などの新たな交通機関の発明が進み、人々の生活を大きく変えた。

このような18世紀から19世紀にかけての産業革命は、それを牽引《けんいん》した資本家たちに莫大《ばくだい》な富をもたらしたが、その産業を下で支えていたのは、名もなき労働者たちであった。

本節では、イギリスの例を中心に産業革命の流れを説明した後に、産業革命による社会の変化と労働者たちの体と心を癒《い》やしたお茶やお菓子について書いていく。

第一次産業革命

ハノーヴァー朝のジョージ3世がイギリス国王に即位した1760年代、イギリスでは世界に先駆けて、綿織物工業における技術革新によって推進された「産業革命」と呼ばれる出来事が起こっていた。

ちなみにハノーヴァー朝とは、1714年にスチュアート朝のアン女王が跡継ぎなしに

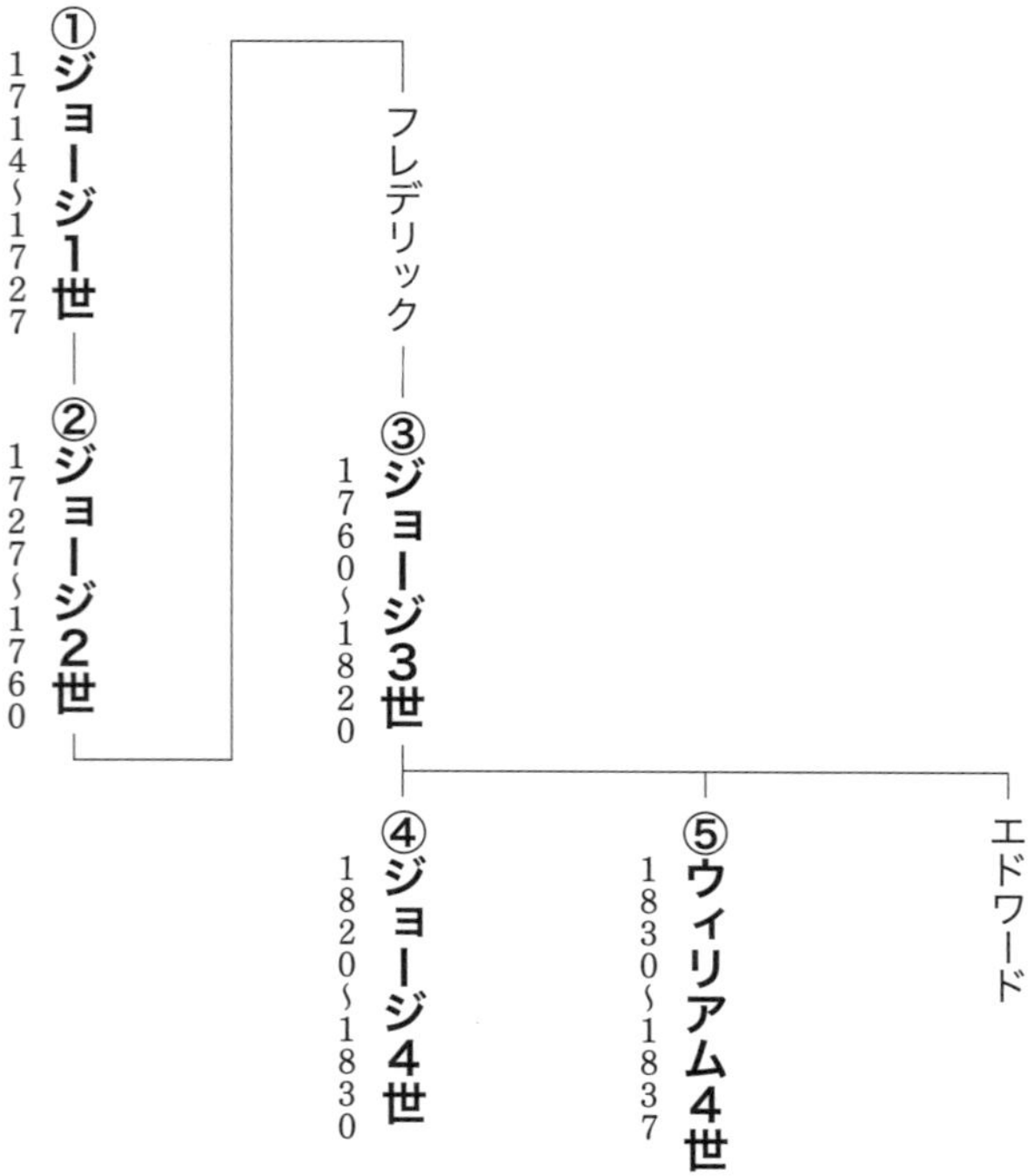

ハノーヴァー朝系図（第5代まで）

逝去した際に、ドイツ北部のハノーヴァー侯爵ゲオルグに王位が継承され、ゲオルグがジョージ１世（在位１７１４〜１７２７）として即位したことで始まった王朝である。

このジョージ１世も、そして次のジョージ２世（在位１７２７〜１７６０）も、イングランドの外から来た王としてイギリス政治に興味を示すことはなかったが、ジョージ２世の孫として１７６０年にイギリス王に即位したジョージ３世「愛国王」（在位１７６０〜１８２０）は、ハノーヴァー朝で初めてイギリスで生まれ育った王であった。

さて世界初の産業革命がイギリスで起こるに至った背景には、いくつかの「革命」が要因として関係している。

まずイギリスでは、１７３０年代頃から穀物価格の低下と栄養価の高い食物の普及により人口が増加する「人口革命」が起こった。この穀物生産料の増加・価格の低下を引き起こしたのが、休耕地をなくしたノーフォーク農法や集約的土地の利用の「囲い込み」に特徴づけられる「農業革命」であった。こうして人口が増加したことにより、産業革命を支える賃金労働者が都市に流入した。

またイギリスの産業革命に火をつけたのは、綿織物工業における技術革新であった。１７３３年、ジョン・ケイが飛び杼《ひ》を発明したことにより、織物を織る速度が飛躍的に向上すると、今度は糸が需要に追いつかなくなった。その後1764年にジェームズ・ハーグリーブズがジェニー紡績機を発明し、綿糸の生産能力が向上した。

このように問題点を改良しつつ行われていった「技術革命」により、イギリスの綿織物産業は飛躍的に成長し、19世紀初頭には綿織物はイギリスの主力輸出品となっていた。さらに1769年、ジェームズ・ワットによって、イギリスで豊富に採掘可能であった石炭を原動力とした蒸気機関が実用化され、綿織物工業だけではなく、鉄道へも利用された。

もともとイギリスは、自国で良質の綿布を大量生産できるようになるまでは、主にインドから綿布を輸入していた。ところがイギリスで産業革命が起こった18世紀のインドは、イギリス東インド会社の支配下にあったこともあり、イギリスは、インドにおける綿織物生産を妨害しインドの綿織物産業を衰退させた。

こうしてインドは、イギリスに対して綿布の原料となる綿花を輸出し、イギリスの綿布を輸入するという、一つの作物にその経済が依存するモノカルチャー的状態に陥ってしまった。イギリスの発展は、前世紀までに海外に築き上げた植民地や海上交易網によって支えられる部分が多かったのであり、逆にいえば、インドを含む他の地域の犠牲なしには実現し得なかった発展なのであった。

これらのイギリスの綿織物工業を起点とした一連の発展は、後に「第一次産業革命」と呼ばれるようになった一方で、19世紀後半以降、石油や電気をエネルギー源とした製鉄業や機械工業といった重工業を中心に起こった技術革新は「第二次産業革命」と呼ばれている。

第二次産業革命

第二次産業革命を推進したのは、イギリスではなく、アメリカ合衆国とドイツ帝国であった。石油や電気を扱い、鉄鋼業を担う資本家たちは、市場を独占しただけではなく、銀行家と手を組み、金融資本も蓄積していった。こうした独占資本は、国家権力とも結びついていった結果、各国家は、産業には欠かせない資源や市場を拡大するために植民地をこぞって獲得しようとした。

このように1870年代以降に資本を蓄積した国が勢力圏を拡大する上での流れが「帝国主義」である。

話をイギリスに戻そう。18世紀のイギリスでは、急速に交通網が発達する「交通革命」が起こり、工業製品や原料の輸送がより容易に、そしてより大量に行われるようになった。

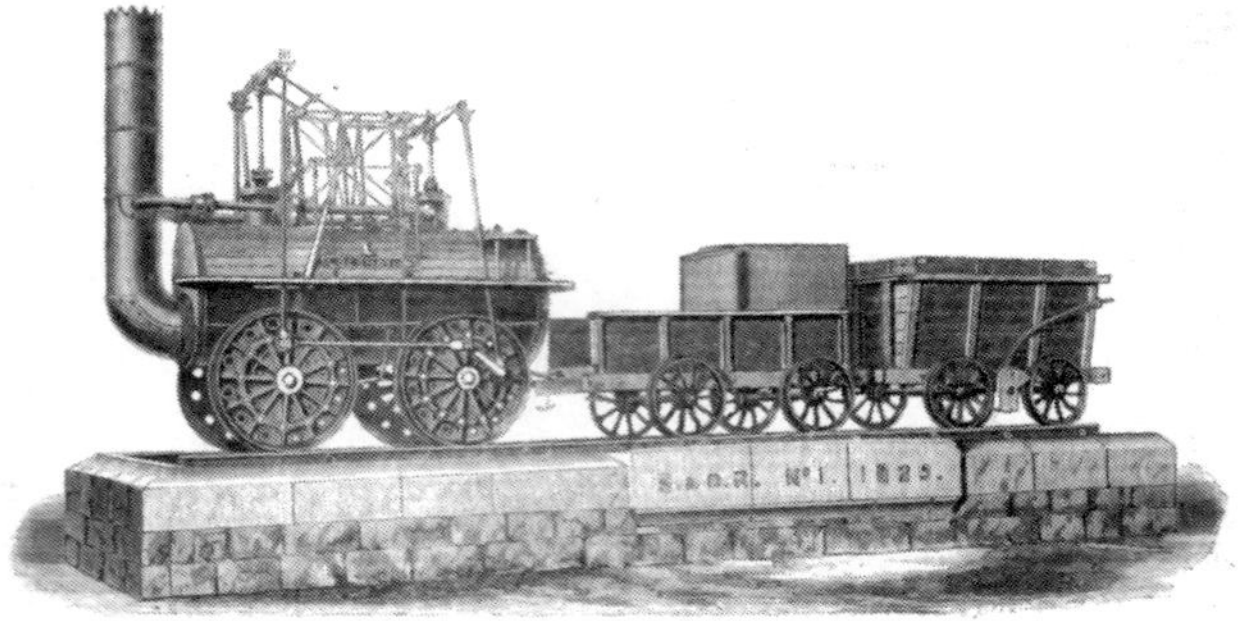

1825年開業のストックトン・アンド・ダーリントン鉄道で初めて走った機関車「ロコモーション1号」

まず18世紀前半には、ロンドンと地方を結ぶ幹線道路網が形成された上に、1760年代以降は、河川を利用して、ブリッジウォーター運河をはじめとする運河が建設された。この運河を航行する帆船は、石炭などの運搬に活用され、輸送コストを大幅に低下させることに一役買った。

その一方で、蒸気機関を原動力とする輸送手段の開発や改良の努力が続けられた。19世紀に入ると蒸気機関車も、実用可能なレベルに至るまでに何度も試行錯誤が繰り返されたが、1825年、ついにジョージ・スティーブンソンが実用化に成功した。1830年には綿産業の中心地マンチェスターと海港都市リヴァプールを結ぶ鉄道が開通し、以降、イギリスでは次々と鉄道が開設されていくことになった。

後の章でも言及するように、鉄道の普及によって、人々がより安価でより遠くに移動できるようになった上に、旅行が一部の特権階級のものから一般の人々のものになった。さらに1851年のロンドン万国博覧会が鉄道の大衆化に拍車をかけたのであった。

労働者たちのティーブレイク

さて、こうして工業化が漸進的に進んでいったイギリスでは、資本家階級と賃金労働者階級という新たな階級区分が生み出された。事業に成功し、さらなる資本を手にした資本家がいた一方で、21世紀の先進国の基準からすると考えられないほどの劣悪な条件で働かざるを得ない労働者たちもいた。このような労働者たちにとって砂糖入りの紅茶は、エネルギーを補給する上で重要な飲み物であった。

話が遡るが、大航海時代を経て海外から運ばれてくる茶や砂糖は、当初、嗜好品ではなく、薬として受け入れられた。その後、17世紀に入るとイギリスの上流階級や王侯貴族の間では、中国産のティーセットを使ってお茶を楽しむことが流行った上に、18世紀に入るとアフタヌーンティーの習慣も広まった。

このように17世紀から18世紀にかけて上流階級の間で茶の文化が洗練されていった一方

19世紀後半、ロンドンの下宿で紅茶を飲む女性たち

で、産業革命以降は茶や砂糖の価格が下がったために、一般の人々にもお茶を飲む習慣が普及した。砂糖とミルクを入れて飲む紅茶は、時間を管理されながら働く労働者たちの心を癒やした。

労働者の間で広まっていったのは、茶だけではなかった。カリブ海や南米で生産され、ヨーロッパに輸入されたカカオも徐々に普及していった。特に18世紀の産業革命と並行して蒸気機関を使ったカカオの粉砕機が改良されると、カカオからココアを大量に生産できるようになった。といっても、ココアバターが入ったままのカカオペーストは、かなり濃厚な飲み物であった。

その後、ミルクや砂糖、地域によってはシナモンやオートミールなどを加えてより口当たりのよい、甘いドリンクとして飲まれるようになっていった。

漫画『ベルサイユのばら』の中にはオスカルが、ロザリーに当たり前のようにホットショコラを求めた時、「用意できないです」との回答に、これまで庶民の暮らしを知らなかったオスカルが己を恥じるというシーンがある。このシーンは、フランス革命直前の1780年代末から1790年代初頭を描いたものだと考えられるが、舶来品のココアを使った濃厚な飲み物は、フランスでは庶民の手には届かない飲み物であったようだ。

ところが、19世紀前半に入り、オランダのヴァン・ホーテンがカカオペーストからココアバターを取り出す技術を生み出したことから、より砂糖とミルクと溶け合いやすい、飲みやすいココアドリンクが広まった。イギリスのジョーゼフ・フライが、カカオペーストにさらにココアバターを加えたことで、脂肪分が多くなったカカオペーストは、より簡単に砂糖と溶け合うようになった。

こうしてカカオ独特の苦味が少ない、甘く滑らかな飲み物が完成した。また、甘く滑らかなカカオペーストを水に溶かすなどして飲むのではなく、冷まして成形したことで、1847年には「食べる」固形のチョコレートが誕生した。「飲む」だけだったチョコレートは、19世紀に「食べる」こともできるようになり、ヨーロッパ各地で独自のレシピが洗練されていった。

茶にチョコレートといったこれらの嗜好品が、特に19世紀以降にイギリスの一般の人々に普及していったということは、それと同時に砂糖の消費量も増大したことを意味する。

イギリスで砂糖を大量に消費するということが可能になったのは、イギリスが海洋帝国として海を制し、中南米やインド、そして中国から原料を大量に自国に運ぶことができたからである。それはイギリス中心の交易システムであり、原料輸出国では、当然「産業革命」が起こることはなく、経済は停滞した。

21世紀の今では、このようなカカオ、砂糖、コーヒーを北半球の国々にとって有利な取引で輸入するのではなく、生産者の利益になるように生産者から直接、適正価格で継続的に購入する「フェアトレード」のシステムも普及している。フェアトレードでなくても、日本の一般的な茶、コーヒー、チョコレートには、その原産地と簡単な説明がパッケージに書かれているものも多いので、一度目を通してみるのもいいかもしれない。

イタリアの働く大人を支える「ポケットコーヒー」

冒頭でイタリアの工事現場のおっちゃんたちは、休憩時間にガヤガヤとコーヒーやジェラートを楽しむという話をしたが、この労働の合間の休憩をさらに効率化した「究極の」商品がイタリアにはある。

それは「ポケットコーヒー」(Pocket Coffee) というものであり、チョコレートの中にエスプレッソの「液体」が入っている。ゼリーやムース状などという生やさしいものではなく、本当の「液体」であるために、かじってしまったら小籠包《しょうろんぽう》のように液体がこぼれ出てしまう。そのためにぱくっと丸ごと口に入れて咀嚼《そしゃく》するのが正解の食べ方である。

ポケットコーヒーを割ったところ

イタリアの老舗菓子会社フェレロ (Ferrero) が、秋冬春を中心に販売しているこの商品は、イタリア各地のスーパーやバール、駅の売店など至る所で目にすることができる。つまりこれは、コーヒーで休憩することすらできない人が歩きながらでも、パソコンをカタカタ動かしながらでも食べることができる。

缶コーヒーやコンビニコーヒー、インスタ

ントコーヒーが普及している日本からすると不思議な話かもしれないが、ヨーロッパ、特にイタリアでは、コーヒー休憩といえば、バールにわざわざ飲みに行くもの、あるいは自販機のエスプレッソマシーンで、またはオフィスのマシーンで飲むものであり、コーヒー一杯にたどり着く過程が日本よりは長い。

そのためにパッケージを破って一口で食べることができるポケットコーヒーは、画期的なのである。実際、ポケットコーヒーを食べてみると、外側のチョコレートの甘さと中のスッキリした苦味のエスプレッソの相性がとてもよく、鼻腔に抜ける香りもしっかりしている。頭をスッキリさせ、食べた・飲んだ瞬間から力がみなぎってくる砂糖とカフェインの組み合わせは、産業革命の時代から働く人々の味方なのである。

第2節　革命前夜のカフェ活動

皆が夢見るパリのカフェ

「パリのカフェ」、いかにもお洒落な場所を想像する言葉として、この言葉ほどインパクトが強いものはないであろう。

実際、現在のパリの街には、ありとあらゆるところにカフェがある。籐《とう》の椅子と丸テーブルがテラス席に出ているいかにもなカフェから、焙煎コーヒーとお手製のバナナケーキを提供する今時のカフェまで、カフェも千差万別である。また話題が話題を呼び、常に行列が絶えないカフェも多い。その一つとして挙げられるのが、モンブランで有名なアンジェリーナであり、ボリューム満点なモンブランを求める観光客の列が常にできている。

なお「パリのカフェ」ではただ飲食を楽しむだけではなく、ソーシャルメディア用に写真や動画を撮影するところまでがセットのところも多い印象を受ける。例えば内装や食器が可愛らしいカレット（Carette）やカフェ・ド・フロール（Café de Flore）では、「早く飲まないとコーヒーが美味しくなくなるよ」と心配になるくらい、延々と撮影を続ける客をしばしば見かける。

そんな「パリのカフェ」であるが、そのルーツをたどっていくと、実はフランスの政治や社会と深く結びついていることが分かる。本節では、まず17世紀から18世紀のフランスの政治を概観した後に、近世フランスを特徴づける「社団」と啓蒙思想について整理する。その上で、フランスにおける革命思想を育む場となったカフェ、そしてジャーナリズムについて説明する。

読者の中には「歴史の説明じゃなくて、カフェの話だけ読みたいな」と思われる方もいらっしゃるかもしれないが、「なぜそこにそのカフェがあるのか」「この地域にはなぜこのようなカフェ文化が根付いているのか」といったことが理解できれば、カフェで過ごす時間は何倍も楽しく、味わい深くなるはず。そう思ってお付き合いいただけたらありがたい。

ユグノー戦争とブルボン朝の成立

日本では、20世紀後半より、歴史を素材にした漫画は、「歴史漫画」として一つのジャ

マリー・アントワネット

ンルを確立してきたが、特に近年のそのバリエーションの豊富さには目を見張るものがある。

次々と新しいテーマの歴史漫画が生み出されている中で、不動の人気を誇っているのが「フランス革命」ものであろう。特に池田理代子《いけだりよこ》の『ベルサイユのばら』はその草分け的存在といってもよく、この漫画によってフランス王ルイ16世と王妃マリー・アントワネットを知ったという人もいるであろう。

２０１０年代以降は、このような中心的人物のみならず、いわゆる脇役に焦点を当てた作品も次々と生み出されている。例えば、共に当時のモードを牽引した、マリー・アントワネットお抱えのモード商であるローズ・ベルタンについて描いた『傾国の仕立て屋 ローズ・ベルタン』（磯見仁月《いそみじんげつ》）や国王夫妻の首を刎《は》ねた死刑執行人サンソン一族を扱った『イノサン』（坂本眞一《さかもとしんいち》）などが挙げられる。

ルイ16世とマリー・アントワネットは、日本でもあまりに有名な国王夫妻であるが、彼らが生きた時代は、当時のフランスの王朝であったブルボン朝が崩壊しながらも最後の輝きを見せていた時期でもあった。それでは、このブルボン朝はどのようにして成立し、繁栄したか、説明を進めることとしよう。

16世紀後半のフランスでは、旧教徒のカトリックと新教徒のプロテスタントとの対立が激化し、当時フランスを治めていたヴァロワ朝（1328～1589）も厳しく新教徒を弾圧した。フランスでは特に、カルヴァン派のプロテスタントが勢力を拡大しており、国王をはじめとする旧教徒からは乞食《こじき》を意味する「ユグノー」と呼ばれていた。

1559年、国王アンリ2世が亡くなり、その後を息子のフランソワ2世、そしてシャルル9世が継いだが、アンリ2世の正妃《せいひ》であり、フランソワ2世やシャルル9世の母后であるカトリーヌ・ド・メディシスが摂政として実権を握った。ユグノーに対する弾圧は苛烈を極め、1572年のサンバルテルミの虐殺では大量のユグノーが惨殺された。

なお、この母后は、イタリアのフィレンツェのメディチ家出身であり、フランスへ輿《こし》入

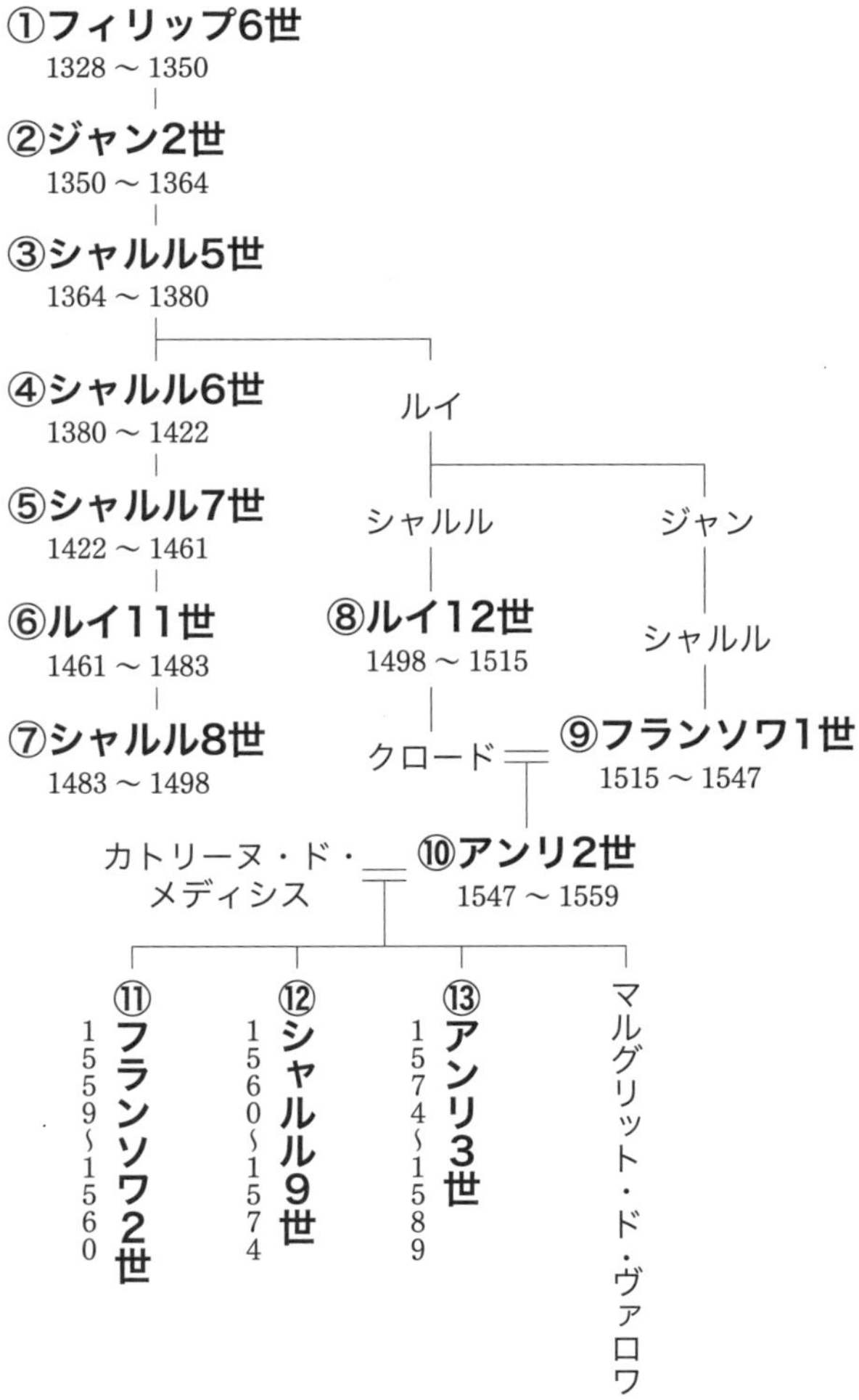
①フィリップ6世
1328～1350
②ジャン2世
1350～1364
③シャルル5世
1364～1380
④シャルル6世
1380～1422
ルイ
⑤シャルル7世
1422～1461
シャルル
ジャン
⑥ルイ11世
1461～1483
⑧ルイ12世
1498～1515
シャルル
⑦シャルル8世
1483～1498
クロード
⑨フランソワ1世
1515～1547
カトリーヌ・ド・メディシス
⑩アンリ2世
1547～1559
⑪フランソワ2世
1559～1560
⑫シャルル9世
1560～1574
⑬アンリ3世
1574～1589
マルグリット・ド・ヴァロワ

ヴァロワ朝系図

れする際に洗練されたイタリアの宮廷文化を持ち込んだとされている。

1589年、フランソワ2世やシャルル9世の弟であり、その後を継いでいた国王アンリ3世が後継を設けることなく亡くなると、ブルボン家のアンリがアンリ4世としてフランスの王位に就いた。ここにヴァロワ朝が断絶し、ブルボン朝の時代が始まったが、アンリ4世は新教徒であったために、国内における宗教対立は激しさを増した。

このアンリ4世の最初の正妃であるマルグリット・ド・ヴァロワは、ヴァロワ朝時代の国王アンリ2世の正妃カトリーヌ・ド・メディシスの娘の一人であった。マルグリットは、類《たぐ》い稀《まれ》なる美貌と教養を備えた女性として知られていたために、後にアレクサンドル・デュマ・ペールが彼女を題材に歴史小説『王妃マルゴ』（1845）を執筆するなど、いわゆる「ファム・ファタール（魔性の女）」として有名な人物でもある。

ちなみにマルグリット・ド・ヴァロワの生涯を扱った漫画『王妃マルゴ』（萩尾望都《はぎおもと》）では、歴代のヴァロワ家のフランス王や対英関係、サンバルテルミの大虐殺、カトリックとユグノーの対立が描かれており、本作からこの時代をイメージすることができる。

このような状況の中で、1593年、新王アンリ4世は、自らカトリックに改宗した上に、1598年にはナント王令を出し、新教徒ユグノーたちの信仰を認め、宗教対立を収束させようとした。ナント王令によって宗教対立が完全に決着をつけられたわけではないが、以降、ブルボン朝の王たちは、絶対王政の君主としてフランス王国に君臨することとなった。

絶対王政の確立

17世紀から18世紀にかけて、フランスでは四人のルイが国王として即位する。１６１０年、ブルボン朝を開いた父王アンリ４世が暗殺されると、わずか８歳で王位に就いたのが、ルイ13世（在位１６１０～１６４３）、すなわちブルボン朝一人目の国王ルイ。

この幼王に代わり実権を握っていたのが、フィレンツェのメディチ家出身のマリー・ド・メディシスであった。幼王ルイ13世の治世初期には、常に母后マリー・ド・メディシスが強い影響力を持っており、周囲の貴族との争いが絶えなかった。

ルイ13世は成長するにつれ、母后と対立するようになったが、この母子の関係を調停したのが、司教リシュリューである。この功績を認められたリシュリューは、枢機卿になった後に宰相に任命され、ルイ13世治世の絶対王政を支え、内政・外政いずれにも大きな影響を及ぼすことになる。

リシュリューの政策の中でも特筆すべきなのは、旧教徒の国のフランスが、ドイツの宗教対立に端を発する三十年戦争（1618～1648）に際し、新教徒側に味方したことであった。というのも当時、フランスと同じくカトリックを奉ずるスペイン・ハプスブルク家は、ネーデルラントやイタリアのミラノ、そしてナポリ王国と広大な領土を有していたために、フランスは戦争を機に、スペインを攻撃し、その勢力伸張を阻《はば》もうとしたのである。

つまりこれは、当初、宗教的な対立であった三十年戦争が、諸国が国家の利益を主張し、覇権を争う戦争へと展開したことを意味する。ルイ13世とリシュリューは、巨額の戦費を投じてフランスの対外的な立場を強化することに努めたのであった。

1643年にルイ13世が亡くなると、その後を継いだのはわずか4歳で国王に即位したルイ14世（在位1643～1715）、つまり二人目のルイであった。この幼王のそばにも母后が摂政として控えていた。スペイン王家出身のアンヌ・ドートリシュであり、彼女は宰相マザランを重用した。

マザランは、前王とリシュリューが参加した戦争の戦費を賄《まかな》うために、次々と課税案を出したが、これに反発した貴族たちがフロンドの乱を起こした。マザランは、この反乱を

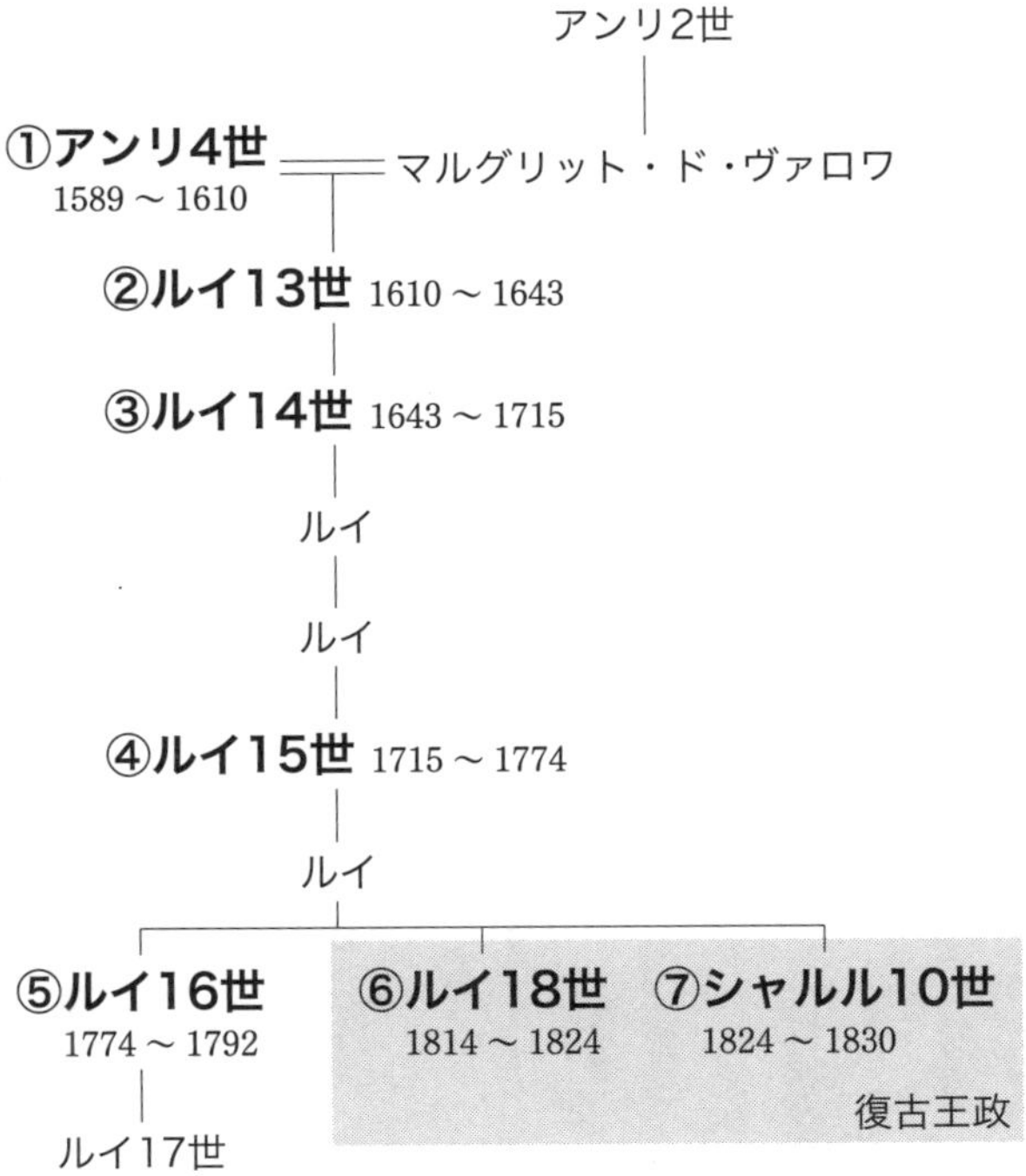
アンリ2世
①アンリ4世
1589～1610
マルグリット・ド・ヴァロワ
②ルイ13世 1610～1643
③ルイ14世 1643～1715
ルイ
ルイ
④ルイ15世 1715～1774
ルイ
⑤ルイ16世
1774～1792
ルイ17世
⑥ルイ18世
1814～1824
⑦シャルル10世
1824～1830
復古王政

ブルボン朝系図

巧みに治めたが、１６６１年に死去すると、すでに長じていたルイ14世は、自ら執政にあたる親政を開始することを宣言、後にこの王は太陽王と呼ばれるように、ブルボン朝の最盛期を築いた。

ルイ14世は、国王の権力は神に由来する神聖不可侵なものであるという王権神授説を掲げ、最高国務会議から王族と大貴族を排除、比較的新しい時期に法服貴族となった者中心に会議を再編したほか、司法、地方行政、官僚制、常備軍など様々な分野に介入し、権力の基盤を固めた。

またこの国王が財務総監という新しい役職にコルベールを任命すると、コルベールは、国家財政の再建を試みただけではなく、海軍や交易、建築などの分野でも手腕を振るった。

ルイ14世は、対外的には前王に倣い、ハプスブルク家との対立姿勢を貫き、数々の戦争を積極的に行い、領土を拡張した。その一方で１６８５年、カトリック教徒であったルイ14世は、自身の祖父にあたるアンリ４世が、フランス国内の宗教対立を収束させるべく発令したナントの王令を廃止し、新教徒に対する弾圧を強めた。

また文化の面では、ルイ14世は、積極的に文芸と学術の保護に努め、１６６６年には王立科学アカデミーを設立した。なお、自身も優れたダンサーであったルイ14世が１６６１

年に設立した王立舞踊アカデミーは、現在のパリ・オペラ座の前身となっている。
さらに同年には、ヴェルサイユでの宮殿の建設に着手し、半世紀後の１７１０年、壮麗な宮殿が完成した。これまでのフランス王は、各地にある王宮を転々とする生活を送っていたが、ヴェルサイユ宮殿完成以降、フランス国王と貴族たちはこの宮殿を拠点とした。

宮廷文化の洗練と革命の足音

１７１５年に太陽王・ルイ14世が没すると、そのひ孫がルイ15世として王位に就いた。この三人目のルイの時代には、ポーランド継承戦争（１７３３〜１７３５）、オーストリア継承戦争（１７４０〜１７４８）、七年戦争（１７５６〜１７６３）と次々と戦争に介入した一方で、ヴェルサイユ宮殿では宮廷文化がさらに洗練されていった。

特にルイ15世の公妾《こうしょう》ポンパドゥール夫人は、芸術や学術を保護・奨励したために、宮廷を中心にロココ様式は最盛期を迎えた。ポンパドゥール夫人は、その聡明さによって国政に深く関わったと共に、後に詳述する啓蒙思想を支持した。

彼女の功績の中でも特筆すべきなのは、「外交革命」であろう。先述の通り、フランス国王は、長年ハプスブルク家と対立する姿勢を貫いてきたが、プロイセンのフリードリヒ

2世に対抗すべく、ロシア帝国のエカチェリーナ2世、オーストリア・ハプスブルク帝国のマリア・テレジア、そしてフランス国王の公妾ポンパドゥールが手を組んだ。

その結果、1770年、マリア・テレジアの末娘マリア・アントニア（後のマリー・アントワネット）が、ルイ15世の孫に当たる王太子ルイ・オーギュスト（後のルイ16世）の妻として輿入れすることが決められた。

ルイ16世

ルイ15世が1774年に没した時、その息子は1765年にすでに亡くなっていたために、その孫のルイ・オーギュストがルイ16世としてフランス国王に即位した。すなわち四人目のルイである。王太子妃からフランス王妃となったマリー・アントワネットは、仕立屋ローズ・ベルタンや髪結師レオナール・オーティエを重用し、華やかかつ斬新なファッションで宮廷のモードを牽引した。

ルイ16世の即位当初は、若い国王夫妻に国民たちは期待を寄せていた。ところが、前世紀から続く対外戦争によって膨れ上がった財政赤字があるところに、イギリスに対抗して新大陸アメリカを支援する形でアメリカ独立戦争（1775～1783）に参戦したことにより、フランスの国家は更なる財政難に陥った。

この慢性的な財政難を解決するために、1789年5月、ルイ13世の時代より召集されていなかった三部会（聖職者、貴族、都市の商人代表から構成される身分制議会）が召集されたところ、一部の貴族と結びついた第三身分である平民層が政治に参入することになった。

ルイ16世は、国民議会の開催を宣言した第三身分を弾圧しようとしたために、民衆は同年7月14日にバスティーユ牢獄を襲撃。ここに、多くの人の血を流すことになるフランス革命が勃発した。以降、国王一家は、急速に支持を失い、結果的にルイ16世とマリー・アントワネットは、1793年にギロチン台に送られ処刑された。

以上のようにブルボン朝の失墜とフランス革命の勃発は、慢性的かつ解決の見込みがなかった財政難と、国内政治の紛糾によって引き起こされたと考えることができるが、その「種」は、すでに蒔《ま》かれており、じっくりと時間をかけて育っていた。フランス王室の説明が長くなってしまったが、そのような「種」が育つ土壌としての社団国家、啓蒙思想、そして革命前夜のカフェ活動について記述を続けたい。

ソシアビリテ（社会的結合関係）と統治

従来、フランス革命前、つまりアンシャン・レジーム期のフランスでは、国王が絶対主義的な君主として中央集権的な支配をしたという一般的な理解があったが、20世紀後半以降、歴史学の分野で社会史や地域史研究が発展した結果、国王は決して一元的支配をしていたわけではないと考えられるようになった。

この理解によると、アンシャン・レジーム期フランス社会では、地縁的あるいは職能的に結ばれたソシアビリテ（社会的結合関係）に基づく団体である社団が編成されていた。国王は、社団に対して、その特権と慣習を認める代わりに、社団から協賛を得ることで、フランス王国の統治を実現していた。

国王が、これらの社団に立脚した統治を行う上で、儀礼は、神聖な統治者としての王のイメージを強調する有効な手段であった。前述の通り、ルイ14世の時代にヴェルサイユ宮殿の建設が始められ、国王がヴェルサイユに居を構えると、貴族たちも王の寵愛《ちょうあい》を得るためにこぞってヴェルサイユの近くに移り住んだ。

こうして形成されていった宮廷社会では、仰々しい宮廷儀礼が生み出されると共に、この儀礼に携わる貴族たちの序列を可視化したのである。

啓蒙思想の広がり

アンシャン・レジーム期のフランスでは、人間の認識や思考力は原罪によって阻まれており、真理に到達することができないために、カトリック教会による導きが必要だと考えられていた。このようなキリスト教的な価値観は、国王の権力は神に由来するものであるという王権神授説に基づく王の権威とも結びつき、人々に大きな影響を与えていた。

ところが、18世紀半ばになると天文学の発展や非キリスト教圏からの影響もあり、徐々にこの価値観が疑問視されるようになった。こうして人は思考力によって自力で真理にたどり着くことができる、無知蒙昧《むちもうまい》を啓《ひら》くという啓蒙思想が広まっていくことになる。

フランスではまずモンテスキュー（1689〜1755）が『法の精神』（1748）において、為政者は自国の事情を理解した上で自国に相応《ふさわ》しい法を制定すべきであるという「法の精神」を説いた。またこの書籍の一部においてモンテスキューが記述した、立法権、司法権、行政権による三権分立によって、権力への一極集中化を防ぎ、人々の権利を保障するという考え方は、アメリカ独立戦争にも大きな影響を与えた。

またヴォルテール（1694～1778）は、劇作家や詩人としても活躍する傍《かたわ》ら、18世紀フランスのカトリック教会を批判することに注力し、イギリスの議会政治と比較してフランスの政治を批判する『哲学書簡』（1734）を出版した。

さらにジャン＝ジャック・ルソー（1712～1778）は、知を体系化する目的でディドロとダランベールによって編まれていた『百科全書』（1751～1772）の編纂《へんさん》に参加すると共に、政治論や経済論、宗教論など実に多様なジャンルの書籍を数多く執筆した。

どの書籍の主張が、ルソーの根本的な思想であるかを定めるのは難しい。しかしながらその中の一つに挙げられる『社会契約論』（1762）では、王権神授説を批判したために、当局からはルソーの書籍は危険思想の温床と看做《みな》された。

このようにフランスに限らず、ヨーロッパ中で広まっていた啓蒙思想を、神聖ローマ帝国皇帝ヨーゼフ2世やプロセイン国王フリードリヒ2世らも自らの政策に取り入れ、「上からの」啓蒙を行った。その一方で、フランスでは啓蒙思想が芽吹き、民衆たちによる

「下からの」啓蒙に一役買った場所の一つが他ならぬカフェであった。

国王ルイ15世の公妾ポンパドゥール夫人自身も『百科全書』の編纂を支援するなど、当初は先進的な知の営みとして一部の宮廷人にも受け入れられていたように思われる啓蒙思想は、いかにして体制を転覆させるに至ったのであろうか。

革命前夜のカフェ活動、印刷物とパンフレットの流布

フランスにコーヒーが伝わったのは17世紀とされており、イギリスと同じように当初は日常的に楽しむ嗜好品というよりも薬として徐々に広まっていった。いわゆるパリ最古のカフェは、１６７２年にパスカルというアルメニア人が開いた店であり、それ以降、人々の社交場としてカフェは広まっていく。

パリのカフェは、イギリスのコーヒーハウスのように、文学者や芸術家、哲学者たちが議論をしたり、創作活動をしたりする場としても機能した。カフェがフランスに広まる前までは、居酒屋がその役割を果たしており、17世紀にルイ14世の宮廷で活躍した古典主義期の劇作家モリエールとラシーヌたちは、まだ居酒屋でワインを片手に仲間内で議論を交わしていたとされている。

パリのサン＝ジュエルマン＝デ＝プレで今でも営業している「プロコープ」は、こういった芸術家・文学者が通うカフェの起源として知られている。

1689年にこのエリアにコメディ・フランセーズの新しい劇場が完成すると、演劇関係者もプロコープに通うようになったほか、『百科全書』の編纂に携わったディドロとダランベール、そしてルソーもこの店の常連であった。このカフェは、シャンデリアに大理石のテーブルなど、まるでヴェルサイユ宮殿のような美しい見た目で、瞬く間に人々を魅了した。

このようにパリで人気となっていったカフェであったが、フランス王室の財政赤字が深刻になるにつれて、そこでは王政に批判的な議論も交わされるようになっていた。

ブルボン王家の王位を狙う、オルレアン公ルイ・フィリップ2世が1780年にパレ・ロワイヤルを改装し、ブティックやカフェを一般市民に開放すると、フランス政府に反抗的な思想家たちがそこに集まり議論を重ねた。というのも、このエリアは、オルレアン公のお膝元として、国家の警察の追跡の目から逃れることができたからであった。

またこのようなカフェは、知識人たちの議論の場となっただけではなく、より広い層の民衆にリーチする出版物が生まれる場の一つでもあった。アンシャン・レジーム期の出版業者は、ギルド（一つのソシアビリテ）として国家の統制下にあり、国王や政府、教会に反し、風紀を乱す出版物や発言は取り締まりの対象となっていた。

ところが、合法な出版と地下出版は常に並存しており、政府の監視をくぐり抜けた書き手や印刷業者、書籍商が、政府や王家にとっては相応しくないテーマを扱った書籍やパンフレットを作成した。それらは統制の対象でありながらも、フランスの民衆の間で簡単に広まり、そこに書かれてある内容が本当かどうかなど関係なく、世論が形成されていくことになる。

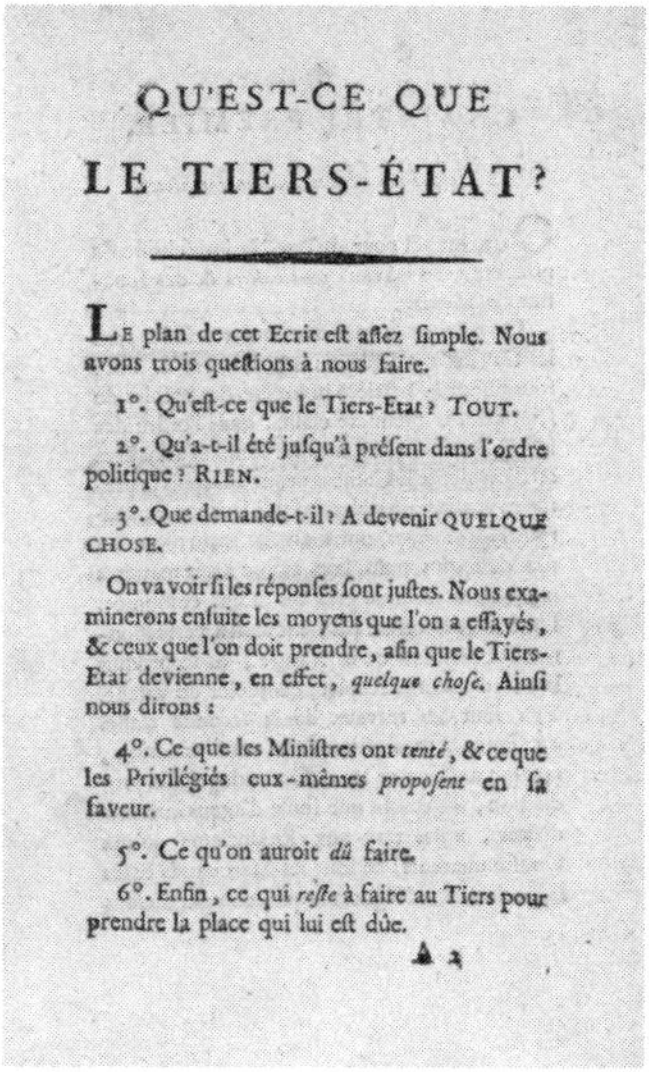
QU'EST-CE QUE

LE TIERS-ÉTAT?

Le plan de cet Ecrit eſt aſſez ſimple. Nous avons trois queſtions à nous faire.

1°. Qu'eſt-ce que le Tiers-Etat? Tout.

2°. Qu'a-t-il été juſqu'à préſent dans l'ordre politique? Rien.

3°. Que demande-t-il? A devenir quelque chose.

On va voir ſi les réponſes ſont juſtes. Nous examinerons enſuite les moyens que l'on a eſſayés, & ceux que l'on doit prendre, afin que le Tiers-Etat devienne, en effet, *quelque choſe*. Ainſi nous dirons :

4°. Ce que les Miniſtres ont *tenté*, & ce que les Privilégiés eux-mêmes *propoſent* en ſa faveur.

5°. Ce qu'on auroit *dû* faire.

6°. Enfin, ce qui *reſte* à faire au Tiers pour prendre la place qui lui eſt dûe.

A 2

1789年のパンフレット『第三身分とは何か』

特に民衆が財政赤字に不満を抱くようになっていたルイ16世の時代には、王家についてあることないことが書かれたパンフレットが出回り、人々はそれを読み、面白がると同時にますます王家への不満を募らせていくことになる。王権神授説に裏打ちされた神聖な王の姿は、そこにはもうなかった。民衆にとって、王とは、罵り、誹謗中傷《ひぼうちゅうしょう》しても構わない存在になってしまった。

1789年にフランス革命が勃発し、国王一家の立場がどんどん危なくなる中で国王は宮殿を捨てて、ヴァレンヌに逃亡してしまった（ヴァレンヌ逃亡事件）。長きにわたり、フランスの国家の頂点に立つと同時に、重税でフランスの民衆を苦しめた王室に対する信頼は地に落ち、後の国王一家の悲惨な運命は決定的なものとなってしまった。

17世紀にパリでカフェが誕生して以来、カフェで行われた議論やそこで生まれた世論は、王室を転覆させる直接的な一打となったというのは言い過ぎかもしれないが、石を穿《うが》つ雨垂れのように長年かけて、革命勃発の日の準備をしていたのであった。

第3節　ロシアの喫茶文化とお菓子

ロマノフ家が君臨したロシア帝国

ユーラシア大陸に広がる大きな領土を統治下に置いたロシア・ツァーリ国、そしてロシア帝国。寒冷な気候、かつアジアとヨーロッパの両方に隣接する領域を有していたロシアでは、独自の喫茶文化が発展した。ここではロマノフ朝の成立から滅亡までのおよそ300年にわたる歴史を概観した後に、ロシアの喫茶文化とお菓子の話をしていくことにしよう。

もともとモスクワ大公国《たいこうこく》（1263〜1547）は、ルーシ（現在のロシアとウクライナ、ベラルーシを含む地域）の地方勢力の一つに過ぎず、モンゴル人の支配を受けていた。ところが、モスクワ公イヴァン3世（在位1462〜1505）が、モンゴルのジョチ・ウルスへの貢納を拒否したことで、モスクワ大公国は「タタールのくびき」（モンゴル支配）から脱却していった。

さらにイヴァン3世は、ノヴゴロドを併合するなど、モスクワ大公国の支配領域を拡大すると共に、自らツァーリ（皇帝）と名乗るようになった。16世紀に入ると、イヴァン4世（雷帝、在位１５３３～１５８４）は、ポーランド・リトアニア共和国と結びついた貴族による蜂起を鎮圧し専制を強化した。

このイヴァン4世の死後、ロシア国内では混乱が続いていたが、１６１３年、貴族たちによって選出された貴族ミハイル・ロマノフが、ロシア・ツァーリ国のツァーリに選出されると（在位１６１３～１６４５）、約３００年にわたって存続することになるロマノフ朝（１６１３～１９１７）が成立した。

その後も権力争いや農民反乱は続いたものの、ピョートル1世（在位１６８２～１７２５）は、ロシア初の艦隊を建設（１６９５）し、ヨーロッパ視察（１６９７～１６９８）に基づく積極的な西欧化を推進。スウェーデン相手に戦った北方戦争（１７００～１７２１）に勝利した。最高行政機関である元老院が、このピョートル1世に「皇帝」（インペラトール）の称号を贈り、皇帝が君主の正式な称号になったことで、ロシア帝国が成立した。

さらに18世紀後半の女帝エカチェリーナ2世（在位１７６２～１７９６）の治世において、ロシアは、二度にわたる対オスマン戦争（１７６８～１７７４、１７８７～１７９１）と

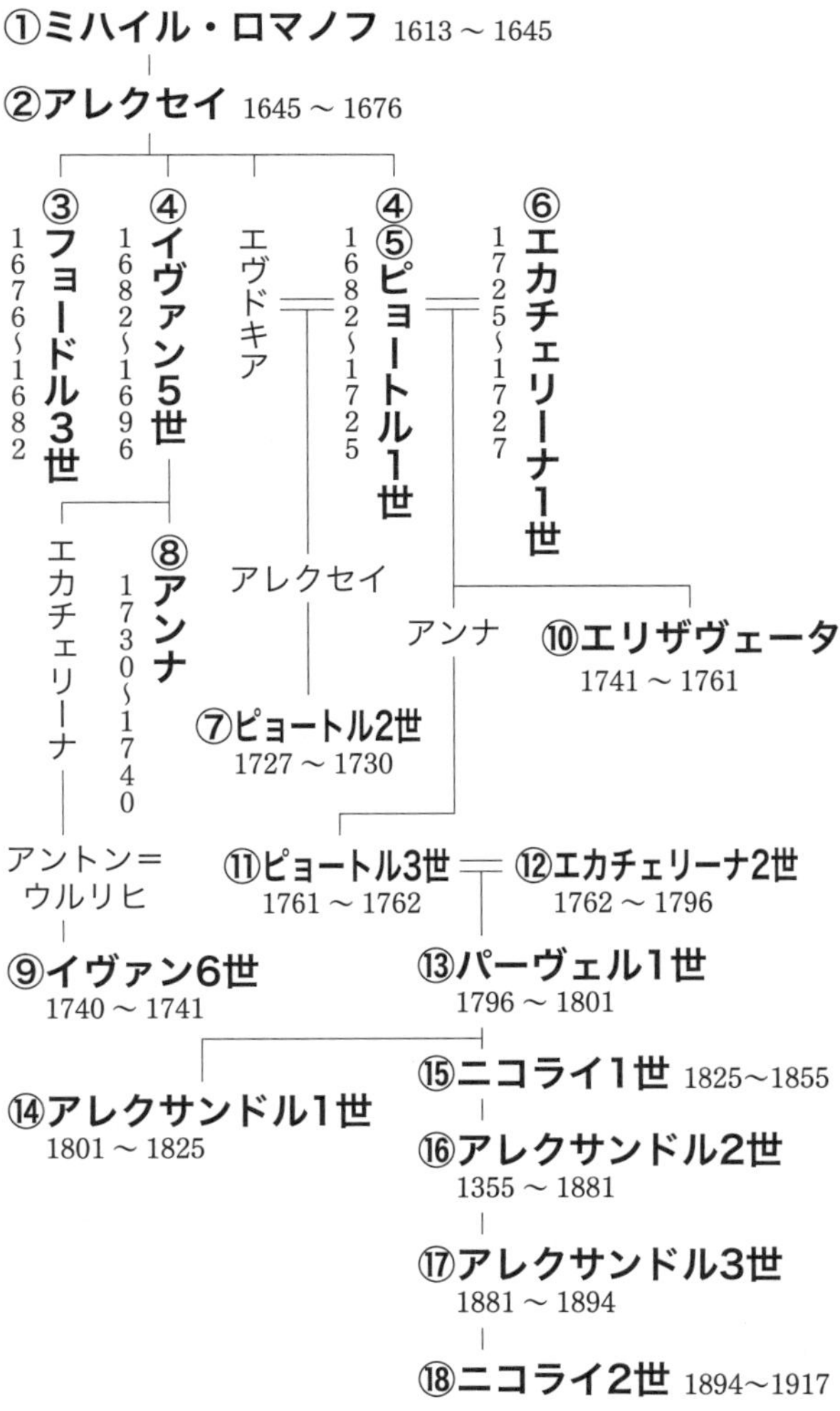
①ミハイル・ロマノフ 1613～1645
②アレクセイ 1645～1676
③フョードル３世 1676～1682
④イヴァン５世 1682～1696
エヴドキア
④⑤ピョートル１世 1682～1725
⑥エカチェリーナ１世 1725～1727
エカチェリーナ
⑧アンナ 1730～1740
アレクセイ
アンナ
⑩エリザヴェータ 1741～1761
⑦ピョートル２世 1727～1730
アントン＝ウルリヒ
⑪ピョートル３世 1761～1762
⑫エカチェリーナ２世 1762～1796
⑨イヴァン６世 1740～1741
⑬パーヴェル１世 1796～1801
⑮ニコライ１世 1825～1855
⑭アレクサンドル１世 1801～1825
⑯アレクサンドル２世 1355～1881
⑰アレクサンドル３世 1881～1894
⑱ニコライ２世 1894～1917

ロマノフ朝系図

三度のポーランド分割（1772、1793、1795）を通じて、広大な領土を有する帝国となった。

またフランス啓蒙思想に傾倒したエカチェリーナ2世は、国内の行政改革や近代化を「上から」推し進めようとしたが、農奴制が残るロシア社会では不完全なまま終わった。それでもなお、エカチェリーナ2世がアメリカ独立戦争の際、イギリス軍に対抗するために武装中立同盟（1780～1783）を結成したこともあり、ロシア帝国はヨーロッパの国際政治の中での確固たる地位を築いていくことになる。

ちなみにエカチェリーナ2世の少女時代から晩年までを描いた漫画『女帝エカテリーナ』（池田理代子）では、ドイツの領邦君主の娘がロマノフ家に嫁ぎ、やがてロシアで権力を握る様子が描かれている。

19世紀に入り皇帝に即位したアレクサンドル1世（在位1801～1825）は、ナポレオンのモスクワ遠征を退けたほか、ウィーン会議後は、帝国内の民族運動や自由主義運動を弾圧し、「ヨーロッパの憲兵」と呼ばれた。その後、ロシア帝国を含むヨーロッパ列強は、オスマン帝国統治下にあったギリシアやセルビア、エジプトなどの独立運動に介入し、19世紀を通じてロシア帝国はオスマン帝国と交戦した。

アレクサンドル2世（在位1855〜1881）は、農奴解放令を出し、近代化を推し進める一方で、ナロードニキ（専制政治を否定する青年知識人たち）の運動を弾圧した。

ロマノフ朝最後の皇帝となったニコライ2世（在位1894〜1917）の治世下のロシア帝国は、日露戦争中（1904〜1905）に起こった第一次ロシア革命により、専制君主制から立憲君主制に移行した。その後、労働者や農民の疲弊や辺境との関係などの国内の問題にも十分に対処できないまま、ロシア帝国は協商国側で第一次世界大戦に参戦するも、150万人という参戦国の中でも最大の戦死者を出してしまった。

戦争の結果、ロシア国内の労働力と食糧の不足が深刻化し、議会は皇帝に解決策を求めるも、皇帝はこれに応えなかった。1917年3月、第二次ロシア革命が起こると皇帝は退位し、ロマノフ朝は断絶（二月革命）。さらに11月、ソヴィエト政権が成立すると（十月革命）、翌年、皇帝一家は殺害された。このロシア革命を機に、多くの知識人や貴族、帝政を支持する人々がアメリカやドイツ、フランスそして中国や日本などの国々に亡命した。

サモワールと磚茶

ざっと数百年分のロシアの政治史を概観したが、そんなロシアは世界でも有数の茶の消費国でもある。ロシアにお茶が伝わったのは、1638年、モンゴルからロマノフ朝の創始者ミハイル・ロマノフのもとに中国茶が献上されたことが始まりだとされている。

その後、1689年にネルチンスク条約がロシアのピョートル1世と清《しん》の康熙帝《こうきてい》の間で結ばれたことをきっかけに中国茶がロシアへ輸出されるようになった。茶葉を圧縮して固めた磚茶《たんちゃ》はラクダの隊商によっておよそ1万8000キロメートルもの距離を経て、ロシアに運ばれた。

サモワール

また寒冷な気候のロシアでは、サモワールという金属製の湯沸かし器が普及し、人々は、一日のうちに何度も飲んだ。お茶には砂糖や蜂蜜、ワレーニエ（ヴァレーニエ）というロシア風のジャムが添えられており、中には砂糖をかじりながらお茶を飲む人もいたという。

チベットではバター茶、インドではチャイと、お茶に乳製品を入れて飲む地域は、数多く存在するが、ロシアではミルク入りのお茶は一般的ではないという。その理由として、ロシアでは寒冷な土地柄ゆえ、新鮮なミルクが手に入るのは夏から秋までである一方で、温かいお茶は冬の飲み物であることが考えられる。

また日本の喫茶店でもロシアンティー（ルシアンティー）などという名前で、ジャム入りの紅茶を提供しているところがあるが、ロシアでは、お茶の中にジャムを直接入れることはない。ロシア風ジャムのワレーニエは、お茶とは別になっており、ワレーニエをスプーンで口に運び、お茶を飲むという飲み方がなされる。

ロシアではダーチャという菜園兼別荘で夏を過ごす習慣があり、そこで取れた果実や花を蜂蜜や砂糖で煮込んでワレーニエを作る。日本で一般的に販売されているゲル化したジャムとは異なり、ワレーニエは、とろりとしたシロップの割合が多く、このシロップを水に溶かして飲む楽しみ方もある。

なお17世紀末から18世紀にかけてロシアの西欧化を主導したピョートル1世が、コーヒーをロシアに根付かせようとしたこともあり、その治世中にサンクトペテルブルクでロシア初のコーヒーハウスがオープンした。その後もコーヒーは西欧の飲み物としてサンクトペテルブルクの知識人や芸術家たちに好まれたのに対し、紅茶は貴族から庶民まで幅広い層に普及していた。

またロシアでは、客人を家でもてなす際には、お茶と共に、季節の果物やパン、焼き菓子を出して振る舞う習慣があった。つまり、これまでに検討したヨーロッパでは瞬く間にコーヒーが広まったのに対し、ロシアの人々の様々な生活シーンに根付いていたのはお茶なのであった。

幻のお茶請け、ハルヴァ

ロシアといってもその広大な領土の中には様々な地域や民族が含まれており、その菓子文化も簡単にはまとめることができないが、ロシアのお茶請けとして印象深いのは、ロシア語通訳者・エッセイストの米原万里《よねはらまり》（1950〜2006）が『旅行者の朝食』の中で紹介していた「ハルヴァ」であろう。

小学生の頃、両親の仕事の都合でチェコスロバキアのプラハに住んでいた米原さんは、ロシア人の同級生のイーラから、青い缶に入ったモスクワ土産のハルヴァというお菓子をもらって衝撃を受ける。ベージュのペースト状のヌガーを小さな紅茶用のスプーンですくくって口に入れると、蜜やスパイス、ナッツなど様々な味が口の中に広がる。
それ以降、米原さんは、少女時代に食べたロシアのハルヴァの味を求めて、西で東で、様々なハルヴァを食べてみては「イーラのハルヴァはこんなもんじゃなかった」と落胆することになる。

ユーラシア大陸の広い地域で作られているハルヴァというお菓子は、一つの決まったレシピに定められるものではなく、砂糖や蜂蜜、ナッツやスパイス、さらに穀物の粉を混ぜて作るという共通する要素はあれども、その形状はプディング状のものから硬いバーのようなものまで様々であるとのこと。

イタリアではクリスマスの時期が近づくと、スーパーマーケットや菓子店でナッツやフルーツ、砂糖や蜂蜜を原料とするヌガー（トッローネ）というお菓子が並ぶが、これも元をたどればハルヴァに由来するとも言われている。レシピが一つの地域から別の地域へ伝わっていくうちにその地域独特のお菓子が生まれていくのが常なのであろう。

米原さんがハルヴァについてあまりにも素晴らしいエッセイを残したために、この文章を読んだ人はハルヴァの味を想像せずにはいられないであろう。ギリシアやブルガリア、ルーマニアなどの東ヨーロッパやイスラーム圏の国々を訪問する、あるいはそれらの地域の食材を扱っている店に赴《おもむ》くことがあれば「ハルヴァ」を探し、ぜひ試してみたいものである。

モロゾフとバレンタイン

日本とロシアを結んだお菓子の話も紹介することにしよう。全47都道府県の百貨店や商業施設に出店していることからも、缶入りのクッキーやチョコレート、ガラス容器入りのプリンでお馴染《なじ》みのモロゾフ（Morozoff）。デパ地下のお菓子でありながらも比較的買い求めやすい値段である上に、綺麗なパッケージであるために、一度は贈り物でもらった、あるいは贈った人もいるのではないであろうか。

このモロゾフを創業したフョードル・ドミトリエヴィチ・モロゾフ（1880～1971）は、ゴンチャロフ製菓の創業者マカール・ゴンチャロフと同じく、1920年代にロシア革命を逃れて日本へ亡命してきた。

革命を逃れ亡命したロシア人は、共産主義を象徴する「赤」に反対する者として「白系」ロシア人と呼ばれた。亡命先として日本を選んだ白系ロシア人は、ヨーロッパの文化や風習を積極的に取り入れていた1920年代日本には、洋菓子ビジネスを始めるチャンスがあると捉えていた。

モロゾフ一家は、ロシアからまず中国のハルピンへ、そこからアメリカのシアトルを経て日本へ。１９３１年、神戸の材木商である葛野《くずの》友槌《ともつち》からの出資を受けて神戸モロゾフ製菓を設立した。

当時の日本ではまだ珍しかった美しい箱の中に入った、まるで宝石のようなチョコレートを売り出したことで評判となったモロゾフ。

モロゾフのバレンタイン広告（1936年）

翌年の１９３２年には、２月14日のバレンタインデーにチョコレートを大切な人に贈るという、いわゆるバレンタインの習慣を日本で初めて紹介した。創業当時に発行されたカタログには、「礼儀は扮装する」という洒落たキャッチコピーのもと、バレンタインのみならず、誕生日やイースター、クリスマスシーズンの贈り物としてのチョコレートが紹介されている。

女性が男性にチョコレートを贈るという日本式のバレンタインデーのスタイルは、第二次世界大戦後に徐々に広まっていったとされている。1930年代のモロゾフによるバレンタインの宣伝は、具体的にどのような層にリーチし、実際にチョコレートを購入したのは誰なのかをここでは調べることができなかったが、1930年代当時において、とても洗練された商品と広告であったことは十分に考えられる。

なお当時のモロゾフは、バレンタイン用のチョコレートのみならず、ヨーロッパのチョコレートにも引けを取らない、かつ日本人にも好まれる良質な商品としてお洒落なパッケージのファンシーチョコレートやウイスキーボンボンを発売した。その他にもモロゾフは、喫茶室も併設していた東京の店舗や甲子園浜のショップでは、日本で初めてピロシキを販売した。また現在、モロゾフは、菓子販売だけではなく、サロン・ド・テやカフェなども一部の都道府県で展開している。

神戸とテルニ

モロゾフは、他の企業に先駆けて高級チョコレートを売り出した菓子店であったが、1941年、モロゾフ一家と出資者の葛野友槌は衝突し、モロゾフ一家は、モロゾフの経営から離れた。以降、モロゾフ一家は、ロシアのお菓子を製造・販売するコスモポリタン製菓を神戸市で創業したが、2006年に廃業している。

こうしてモロゾフの経営を担うことになった葛野一族は、第二次世界大戦後はチューインガムやカスタードプリンを販売し、増設した工場でチョコレートの生産量を増やすなど事業を拡大していった。日本で初めてバレンタインを提唱した菓子店を自負するモロゾフが拠点とする神戸市は、バレンタインの発祥の地とされているイタリアのテルニ市と観光交流協定を結んでいる。

現在、テルニの守護聖人となっているウァレンティヌスは、インテラムナ（現在のテルニ）の司教としてキリスト教の布教を続けた。ウァレンティヌスはローマ皇帝クラウディウス2世（在位268～270）がキリスト教を迫害する中、活動をやめなかったために269年2月14日に処刑された（ウァレンティヌスが活動したのは4世紀だとする説もあり）。

ウァレンティヌスのエピソードはいくつも残されているが、異なる宗教を信じるサビヌスとセラピアという恋人たちを結婚させたり、皇帝が禁じていた兵士たちの結婚式を執り行ったりなどといった話が有名となり、恋人たちを守る聖人として有名になった。時期は定かではないが、中世後期のヨーロッパでは、ウァレンティヌスの殉教日が聖ヴァレンタインデー、恋人たちの日として記録に残されるようになったという。テルニでは、今でも2月14日にはバレンタイン発祥の地として、街ではコンサートや展示が行われるなどちょっとしたお祭りになるほか、街の中心部から2キロメートルほど離れた聖ヴァレンタイン大聖堂には、多くの人が訪れる。

1920年代にロシアから日本の神戸に伝わった高級チョコレート、そしてそれを贈るというバレンタインの風習は、神戸の街を、そのバレンタインの発祥の地であるイタリア・テルニにつないだ。現在の日本では、毎年バレンタインになると百貨店を中心に激しい商戦が繰り広げられるだけではなく、年々、バレンタインチョコレートの催事に出展する国内外のチョコレートショップも凝ったものになっていっている。

このようなトレンドにおいて、モロゾフは、数百円で買える小さなお菓子から、華やかかつクラシカルなデザインの缶や箱に入ったお菓子まで幅広く扱っている。日本全国どこでも買えること、昔から食べてきた安心の味、食べた後も使えるお馴染みの缶や容器などモロゾフの魅力をここでは書き尽くすことはできない。

ただ贈り物というのは、無理して買う必要のない、でももらったら嬉しいちょっといいものということを思い出させてくれるのがモロゾフなのである。

CHAPTER 3

第3章

万博と美術館とカフェ

第1節　世界初の美術館・博物館併設カフェ

「美術館併設カフェ」

「美術館併設カフェ」あるいは「博物館併設カフェ」。美術館や博物館の施設内にあるカフェなどの飲食店のことであるが、近年、このカフェに力を入れている美術館も多く、美術館へ人を呼ぶための装置として機能している側面もある。特別展のテーマに合わせたカフェメニューを期間限定で提供したり、空間デザインにこだわったりなど単なる美術館の休憩所とは言い切れないほど充実しているところも多い。

例えば、東京都内ならば、東京都庭園美術館（目黒）のアール・デコ様式の建物を楽しむことができるカフェ、弥生《やよい》美術館（根津）の竹久夢二《たけひさゆめじ》ゆかりのメニューが素敵なカフェ、根津美術館（表参道）の庭園を眺めながら休憩できるカフェなど枚挙にいとまがない。さらに他の都道府県や世界各国の美術館や博物館に目を移してみるならば、美術館併設カフェも多種多様であり、それだけで一冊の本が書けてしまうであろう。

今でこそ世界中に美術館併設カフェは無数にあり、人気を博しているが、20世紀に入るまで、美術館や博物館の施設内に食べ物や飲み物を販売するスペースを作るということは一般的なものではなかった。

世界に先駆けて、１８６０年代に施設の中にカフェやレストランを作ったのは、ロンドンのヴィクトリア&アルバート博物館であった。この「世界初の美術館・博物館併設カフェ」が生まれたその背景を紐解いていくと、19世紀のイングランドの社会や国の枠組みを超えた芸術運動と結びついていることが分かる。

本節では、まず19世紀イギリスの政治と社会について簡潔に説明した上で、ヴィクトリア朝のイギリス王室、１８５１年のロンドン万国博覧会、世界初の美術館・博物館併設カフェの誕生ストーリー、アーツ・アンド・クラフツ運動について説明していくこととしよう。

19世紀イギリス政治と社会

イギリスの君主は絶対君主ではなく、立憲君主制の国家として常に議会と協調を試みる必要があるなど、17世紀の名誉革命を経て、イギリスでは議会政治が定着していた。

19世紀初頭の時点では、地主貴族がその議席の多数を独占していた。ところが産業革命を支えた中産階級や労働者階級が選挙権拡大を求めたり、カトリック教徒（1829年カトリック教徒解放令）が公職に就く権利を望んだりするなど、議会内では、選挙法改正をめぐり激しい議論が交わされた。

1830年から1834年にかけて首相を務めたホイッグ党のグレイ伯爵（1764〜1845）は、第一回選挙法改正（1832）や救貧法、労働者たちの環境を改善するための工場法（1833）、インドやアフリカのイギリス領も含む大英帝国全体での奴隷制度廃止（1833）など、自由主義的政策を進めた。

ちなみにこのグレイ伯爵は、紅茶の茶葉にベルガモットをブレンドした「アールグレイ」の生みの親でもある。

グレイ政権の一連の自由主義的な改革は、貴族が政治の主導権を握ったまま、急進的かつ中途半端に行われた。このような状況に不満を抱える労働者たちは、1838年、北部の工業都市バーミンガムやロンドンを拠点に、男子普通選挙権や選挙区の平等化の推進を要求するチャーティスト運動を起こした。

また当時、イギリス国内のパンの価格を高騰させる原因となっていた穀物法の撤廃を主張する反穀物法同盟が１８３９年に結成され、保守党政権を率いるピールも撤廃に向けて動き出した。特に１８４５年にアイルランドでジャガイモ飢饉が起こったことにより、翌１８４６年にピール政権は穀物法廃止を決定した。

１７２０年代頃からアイルランドで栽培されるようになったジャガイモは、貧しい土地でも大量に収穫できる作物であったために、小作農たちの主食として広く食べられていた。このジャガイモ飢饉により１００万人もの人々が亡くなり、１８４５年から１８５５年までに２００万人もの人々がアメリカなどの海外へ移民として渡った。

その後、政権を握った自由党政権が１８４９年に航海法を廃止したことにより、19世紀後半のイギリス経済は、自由主義貿易に舵を切り、ますます繁栄していくことになった。オランダの中継貿易を妨害し、イギリスの利益を保護するために１６５１年に制定された航海法は、イギリスの重商主義を促進し、イギリスの海上交易の繁栄を支えた。

ところが産業革命を経て、航海法はイギリス産の製品の自由な輸出を阻むものとして、逆に反発を受けるようになっていった。

１８２０年代以降断続的に、自由主義的政策が求められる中、保守党（トーリが１８３４年に改名）と自由党（１８５９年にホイッグ党やピール派などがまとまり結成）はそれぞれ内部で分裂していた状態から政党として一つにまとまるようになり、二大政党として交互に政権を担当していくことになる。

保守党でも自由党でもこれまでは所属議員の多くが地主貴族だった状態から、様々な出自の者が党に所属する状態になり、党の指導者と所属議員との関係もより連携が必要なものへと変わっていった。

またイギリス国内では、自由主義政策が進められていた一方で、イギリスの植民地では、帝国主義的な政策が強引に進められた。

イギリスは、18世紀のアメリカ合衆国の独立によって、北米における植民地の大半を失っていたが、西インド諸島、アフリカ、そしてインドとその周辺に植民地を拡大した。イギリスは、これらの地域が有する豊かな資源を独占的に手に入れた。特にインドでは、現地で巻き起こる反乱を抑え、東インド会社を介して現地を支配し、１８７０年代にはインド帝国が成立した。

ヴィクトリア朝期のイギリス王室

18世紀半ばから19世紀前半にかけて産業革命、アメリカ独立戦争、フランス革命、そし

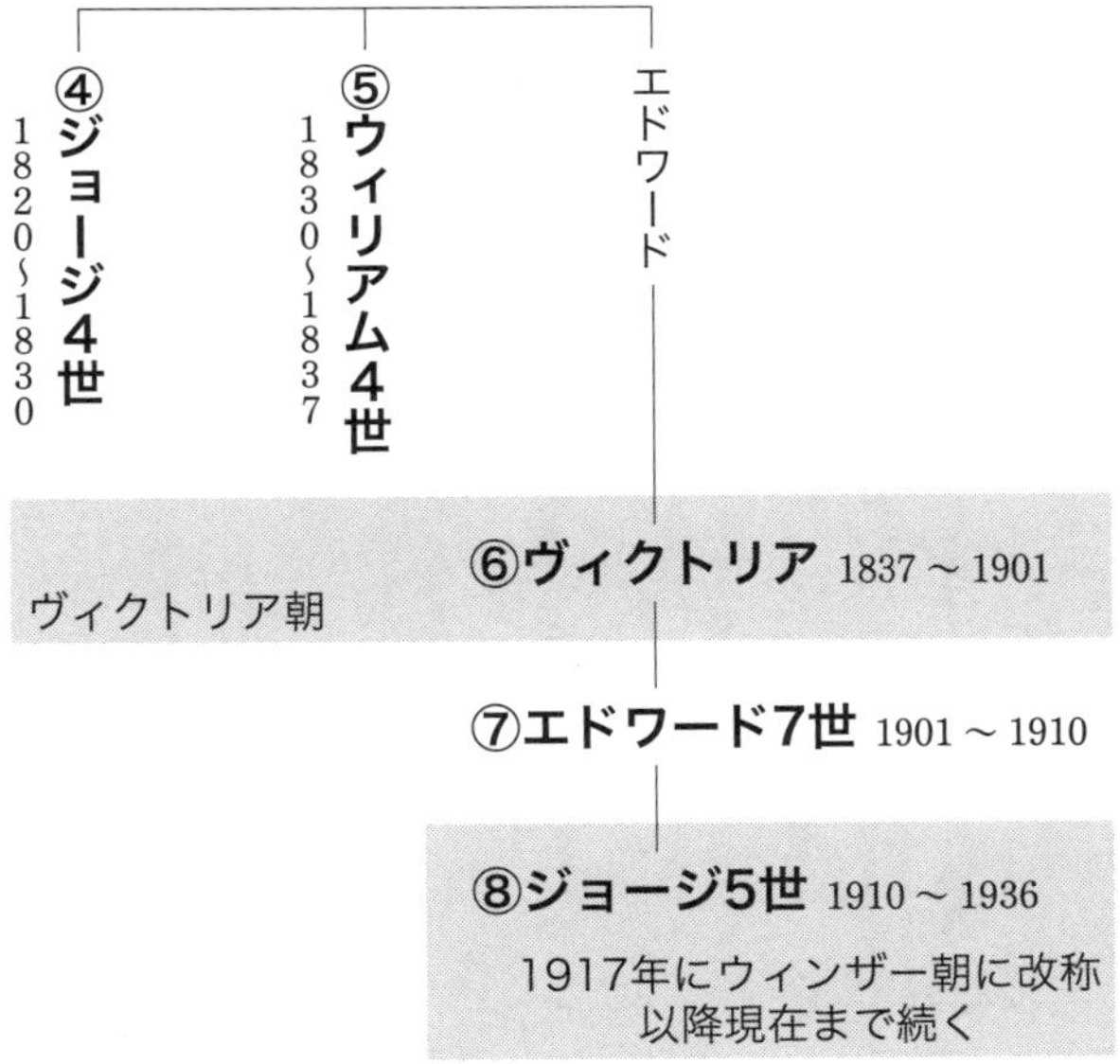

ハノーヴァー朝系図（第4代より）

てナポレオン戦争と目まぐるしく情勢が変わっていっていく中で、60年にわたり英国王として国を治めたハノーヴァー朝のジョージ3世。

　この王の息子に当たる次の王ジョージ4世（在位1820〜1830）とウィリアム4世（在位1830〜1837）は、嫡出子を残さずに亡くなったために、彼らの弟であるケント侯爵エドワードの娘が、ヴィクトリア女王（在位1837〜1901）として王位に就いた。

　在位期間は63年と7ヶ月と、

2022年9月に薨去《こうきょ》したエリザベス2世（在位1952〜2022）の在位期間70年と214日に次いで、イギリス王室史上で2番目に長い治世であった。

このヴィクトリア女王の治世は、インドでの植民地支配の確立、国際社会での政治的な立場の確保、さらに前章で検討したような国内の産業の発展など、イギリスが類い稀なる成長と繁栄を経験した時代であったために「パクス＝ブリタニカ」（イングランドの平和）と言われた。またヴィクトリア女王治世期間を「ヴィクトリア朝」と呼ぶことも多いが、ヴィクトリア女王自体は、ハノーヴァー朝の君主であることに注意である。

わずか18歳の若さで大英帝国の君主となったヴィクトリア女王は、国民からの人気を集め、20歳の時には従兄弟《いとこ》でもあるドイツ貴族アルバートと結婚した。当初、アルバートは、「外国人」と揶揄されていたが、ヴィクトリア女王の妊娠・出産時の献身的、かつ有能なサポートとその家庭を大切にする姿は、徐々に国民からの支持を集めることになる。この仲睦《むつ》まじい女王夫妻の理想の家族像は、多くの国民の心を慰め、もてはやされた。

また本節のキーワードとなる1851年のロンドン万国博覧会を率いたのもこのアルバートであった。アルバート公は、独創的なアイディアでこの万博を成功させたが、1861年、わずか42歳の若さで腸チフスによって亡くなると、ヴィクトリア女王は最愛の夫の死を深く嘆き悲しみ、政治の表舞台から姿を消してしまった。

黒い服を着て喪に服し、悲嘆に暮れる女王陛下に対し、徐々に国民たちからの不満の声も高まってきたが、1870年代になってようやく女王は人前に姿を現し、公務を再開するようになった。以降、1901年に亡くなるまで最盛期を迎えた大英帝国の頂点に君臨した。

1851年のロンドン万国博覧会

自由貿易と帝国主義的政策で繁栄を極めたイギリスは、海外に向けて産業や技術を喧伝《けんでん》するために、1851年にロンドンで史上初の万国博覧会を開催した。19世紀後半以降、ロンドンの他にもパリや東京など、世界各国で開催されていくことになる万国博覧会は、その後の都市計画に大きな影響を与えたので、また後の節で詳しく取り上げることとしよう。

このロンドン万国博覧会の総裁に就任し、計画を取り仕切ったのは、ヴィクトリア女王の夫アルバート公であった。当初、ロンドンのハイドパークに大掛かりな会場を設立するという計画案に対して、各企業は尻込みすると同時に、新聞などの報道機関も博覧会の失

ロンドン万博会場（水晶宮）

敗を予想していた。

ところが、アルバート公のセンスや計画性は、結果的にロンドン万国博覧会を大成功に導く。中でも庭園技師ジョセフ・パクストンが設計した会場は、幅約５６３メートル、奥行き約１３８メートルという巨大なものだっただけではなく、敷地となったハイドパークの木を一本も切り倒すことなく作られたというから驚きである。さらにその会場は、ガラスで覆われたために、報道機関は「水晶宮」という呼び名で会場を絶賛した。

１８５１年5月に博覧会が開幕すると、連日10万人以上の人が来場し、10月の閉幕までに累計来場者数は６００万人にもなっていたとされている。

当時のイギリスでは、スティーブンソンが実用化した蒸気機関車によってこの時までに鉄道網が張り巡らされていたために、人々の陸路での移動もより手軽なものになっていた。このような交通事情もあり、当時の人口から換算すると国民の四人に一人がこの博覧会に来場したことになる。

以降、万国博覧会は、国の威信と技術・芸術の発展を国際的に喧伝する場として、各国で開催されていくことになる。このロンドン万国博覧会の収益金によって、サウス・ケンジントン（South Kensington）地区に大英博物館自然史部門（現・自然史博物館）や科学博物館が作られた。

現在、ロンドンのサウス・ケンジントンに位置するヴィクトリア&アルバート博物館は、ロンドン万国博覧会の展示品を常設展として残す場として、１８５２年に産業博物館という名前で開館したものである。

世界初の美術館・博物館併設カフェの誕生

背景の説明が長くなったが、世界初の美術館・博物館併設カフェの成り立ちについて語ることとしよう。

1851年のロンドン万国博覧会の翌年にオープンした産業博物館。この博物館は、装飾美術館（Museum of Ornament Art）に改名された後に、1857年、現在のヴィクトリア&アルバート博物館が位置するサウス・ケンジントンに移転し、サウス・ケンジントン博物館と呼ばれるようになった。今のようにヴィクトリア&アルバート博物館（以下、V&Aと略記）と名前を変えたのは1899年のことである。

この博物館は、世界で初めて展示室にガス照明が設置されたおかげで、日が暮れた後も展示を楽しむことができるという点で画期的であったが、もう一つ「世界初」を誇れるものがあった。それは世界で初めて施設内にカフェを併設した博物館・美術館であったということである。

1851年のロンドン万国博覧会の運営者であるヘンリー・コール卿（Henry Cole, 1808~1882）は、万博期間中に来館者からのお茶やパン、温かい食事を提供して欲しいという要望をいち早くキャッチしていた。この万博の際の経験を踏まえ、1856年にはV&A内（当時は装飾美術館）にフランシス・フォーク（Francis Fowke, 1823~1865）が設計した休憩室が作られた。

新聞社には「ひどく醜い」と評されつつも批評家たちの注目の的となった木造の外壁で

覆われた休憩室は、1867年に取り壊された。

その翌年の1868年、ギャンブル・ルーム(Gamble Room)、ポインター・ルーム(Poynter Room)、モリス・ルーム(Morris Room)という3つの新しい休憩室がオープンした。

世にも美しいヴィクトリア&アルバート博物館カフェ

まず一つ目のギャンブル・ルームは、当初、コールによって芸術家ゴッドフリー・サイクス(Godfrey Sykes, 1824〜1866)に装飾が依頼されたが、このサイクスが急逝《きゅうせい》すると、デザイナーのジェームズ・ギャンブル(James Gamble, 1835〜1911)が装飾を担当することになった。

この部屋の壁と大きな柱は、陶器に錫白釉をかけて上絵付けをしたマヨリカ焼きの色とりどりのタイルで

ギャンブル・ルーム
写真:Steve Vidler/アフロ

覆われた。その他、マヨリカ焼きの枠に入った大鏡、ホーローで飾られた天井、象やラクダの彫刻、厨房や製氷室などを隠すためのステンドグラスの窓などで部屋は彩られた。色とりどりの陶器やガラスで装飾されたギャンブル・ルームを「まるでパリの豪華な装飾のカフェのようだ」と新聞は評した。

このような煌《きら》びやかな装飾は、単に観賞用だけではなく、実用的な側面もあった。1860年代当時、まだ開発されていなかったサウス・ケンジントンに、馬が率いる消防車が到着するには時間がかかったために、建物は十分に防火対策がなされる必要があった。マヨルカ焼きで覆われた壁や柱、ホーローの天井板は、火や蒸気に強い上に、食べ物の臭いがつきにくく、さらに掃除しやすいものでもあった。

次に、ギャンブル・ルームの東側には、鋳鉄製のオープン・レンジとオープン・グリルを備えた「ステーキを焼く」ための小さなグリル・ルーム（現在のポインター・ルーム）があった。

このポインター・ルームの設計を任された画家のエドワード・J・ポインター（Edward J. Poynter, 1836〜1919）は、ダッチブルーの絵の具で塗られ、釉薬のかかった陶器のタイルで壁を覆った。このタイルの絵付けを行ったのは、国立美術訓練学校の女性用特別磁器教室に通う女学生たち。

ヨーロッパ風の豪華な装飾が施されたギャンブル・ルームとは対照的に、ポインター・ルームには、波模様や花や孔雀《くじゃく》のモチーフなど東洋の影響を受けたものが描かれている。上部の壁のタイルには、月と季節、干支が描かれ、その下には、ヘレン、ヴィーナス、メデア、サッフォーなど、古典文学に登場する女性の肖像画の中に果物や花がちりばめられている。

また１８６７年当時、ここでは、訪問客の社会的階級によって分けられた三種類のメニューが提供された。

上流階級向けのメニューには、ジャグド・ヘアー(Jugged Hare, 野うさぎのスープ、１シリングと６ペンス)、ステーキ・アンド・キドニー・プディング（１シリング）、季節のタルト（半シリング）などがあった。

中流階級向けのメニューには、子牛のカツレツ（10ペンス）、ポーチドエッグとほうれん草（１シリング）、パンとスポンジケーキ（１ペンス）など。

博物館の建物で働く機械工や労働者、そして労働者階級の訪問者のために作られた質素なメニューは、敷地内の別の場所で提供されていた。典型的な未熟練労働者の週給が１ポンドであることを考えると、ここで提供されるメニューはあまり経済的なものではなかった。

最後に三つ目の部屋の装飾を担当したウィリアム・モリス（William Morris, 1834〜1896）は、ヴィクトリア朝時代を代表するデザイナーの一人であるが、コールが、この部屋の設計を依頼した当時、彼は新人であった。

後にアーツ・アンド・クラフツ運動の主導者として有名になるモリスは、当時まだ31歳であり、ゴシック・リバイバルとエリザベス朝様式の影響がパネルに顕著な計画を提案した。現在では「モリス・ルーム」と呼ばれるこの部屋は、オリーブの枝とウサギを追う猟犬のレリーフで囲まれている。

モリスは、友人の建築家フィリップ・ウェッブ（Philip Webb, 1831〜1915）と画家エドワード・バーン＝ジョーンズ（Edward Burne-Jones, 1833〜1898）に協力を求めた。ウェッブは中世や教会の様々な資料を研究し、バーン＝ジョーンズは星座や家事をする中世の女性のイメージを調査し、それぞれ窓やステンドグラスのデザインに反映した。モリスとウェッブが共同で手がけた天井は、幾何学模様と花の唐草模様で覆われた。

漆喰《しっくい》細工の中をうねるように伸びるオリーブの枝など、この部屋の装飾の数々は、モリスの創作意欲に火をつけ、後のモリスの作品にも活かされた。モリス・ルームが完成すると、この部屋は、Ｊ・Ｍ・ホイッスラー（J. M. Whistler）、ジョージ・デュ・モーリア（George du Maurier）などの芸術家たちの間で人気の待ち合わせ場所となった。

三つの休憩室こと、世界初の美術館・博物館併設カフェは、その装飾の豊かさと幅の広さで長年にわたって賞賛されてきた。これら三つの部屋の装飾をそれぞれの芸術家に依頼したヘンリー・コール館長は、１８６０年代時点の最新のデザイン理論を反映させることを強く望んでいた。

ギャンブル・ルームはルネサンス・リバイバル、ポインター・ルームのオリエンタルな感覚、モリス・ルームの豊かな折衷主義といったように、それぞれが実に独創的で、別々の顔を持っているようであった。

アーツ・アンド・クラフツ運動

本節の最後に、ウィリアム・モリスが深く関わったアーツ・アンド・クラフツ運動について説明することにしよう。

イギリスでは、17世紀から19世紀にかけて産業革命が推し進められた結果、いわゆる職人の「手仕事」を必要とする工芸品の品質の低下が危惧されるようになっていた。

この状況を打破するために、1861年、ウィリアム・モリスは、モリス・マーシャル・フォークナー商会(Morris, Marshall, Faulkner and Company)を設立した。設立時のメンバーの中には、モリスと共にV&A併設のカフェルームの設計を担当したフィリップ・ウェッブやエドワード・バーン゠ジョーンズがいたほか、ラファエル前派の有名画家ダンテ・ゲイブリエル・ロセッティ(Dante Gabriel Rossetti, 1828〜1882)もいた。

商会の発足当初は、モリスによる品質管理のもと、ステンドグラスや家具、タイルなどを主に生産した。1875年には、家庭用の室内装飾品の需要が高まってきたことからテキスタイル部門が強化されることとなった。商会の活動はどんどん拡大していき、1888年には、第一回アーツ・アンド・クラフツ展が開催されると、以降、定期的に展覧会が開催されるようになった。

このモリスが起こした一連の活動は、展覧会に因んでアーツ・アンド・クラフツ運動と呼ばれるようになった。その影響は、建築やデザインの分野でヨーロッパ各国やアメリカ、そして日本にも広がっていくことになり、20世紀以降、「手仕事」や工芸は、「デザイン」として新たな展開を見せていくのである。

第2節　国民国家と「王室御用達」お菓子

「王室御用達」という言葉が持つ魅力

「王室御用達」というと何を思い浮かべるであろうか？

すぐにイメージしやすいのは、英国王室御用達の認定証としての「ロイヤルワラント」であろう。これはイギリス王室がその品質を認めた逸品に贈られるものであり、スコットランド発のブーツブランド「ハンター」（Hunter）やバッグブランドの「ロウナー」（Launer）、そしてイギリス土産の定番であるショートブレッドで有名な「ウォーカー」（Walkers）などが例として挙げられる。

王室からのよい評価を受けた証であるこの認定を得ることは、その後のビジネスの展開に有利に働くために、企業にとって願ってもない名誉であるが、この認定を行うことができる王室メンバーは現在イギリス国王チャールズ３世（在位２０２２～）のみとかなり狭き門でもある。

また日本でも「宮内庁御用達」、「皇室御用達」という商品をたびたび目にするが、実際のところ、この制度は昭和29年（1954）には廃止されている。

それにもかかわらずこのように自ら名乗る企業は数多くあるという。おそらく廃止されるより前に「御用達」に認定されたという意味でそれらの企業はこの称号を使っているのであろうが、それだけ皇室の人々が食する、あるいは使用する製品というアピールは消費者に向けて有効なのであろう。

筆者が住むイタリアでもたびたび「王室御用達」という文言を食品メーカーや飲食店で目にするが、イタリアの王室とは何を指すのであろうか？

世界史の一般的な教科書を開いてみても、イタリアについてはルネサンス期以降の記述は極端に減るために、18世紀から19世紀にかけてのイタリアがどのような状態であったか、どのような政体が存在したかイメージしにくいであろう。

そこで本節では、イタリアの「王室御用達」を読み解くべく、ウィーン体制成立以降の19世紀のヨーロッパ情勢を概観した上で、19世紀後半にかけて盛り上がりを見せたイタリアの国家統一運動に触れ、イタリアの「王室御用達」について詳述していくことにする。

フランスの復古王政と七月王政

第1章第3節「アルプスを越えたザッハトルテ」で確認した通り、ウィーン会議（1814～1815）は、ナポレオンによるヨーロッパ各地への遠征後に混乱したヨーロッパ情勢を、フランス革命の前の国際秩序に戻すために行われたものであった。この19世紀前半のヨーロッパを特徴づける保守反動体制の中で、自由主義とナショナリズムは抑圧された一方、各地で自由主義とナショナリズムを主張する運動や反乱が勃発した。

ウィーン会議後のフランスは、1814年から1830年の復古王政（1815年におけるナポレオンの「百日天下」の時期を除く）と1830年から1848年までの七月王政という二つの王政を経験した。

復古王政から見ていこう。ウィーン会議で合意に至った議定書では、フランス革命以前の王朝を各国の正統な支配者としてみなすという正統主義を原則としていたが、フランス革命を生き延びたブルボン家の人々は、1814年時点で、長らくフランスから離れ亡命生活を送っていた。

王位復帰を試みるブルボン家の当主プロヴァンス伯（ルイ16世の弟）は、フランスを占領しようとするオーストリア、ロシア、プロセイン、イギリスの同盟軍と行動を共にし、王家の存在をフランスの人々にアピールした。ボルドーをはじめとする反ナポレオン感情が強かった都市から好意的に受け入れられたプロヴァンス伯は、王政の象徴としてフランス国内で認知されるようになっていった。

ナポレオンが１８１４年にエルバ島に流されると、プロヴァンス伯はパリに入市し、ルイ18世として王位に就いた。

王政復古当初にルイ18世が公布した憲章によれば、全てのフランス人が法の前に平等であることが定められるなど比較的穏健な政治が行われたが、やがて検閲の復活など抑圧的な方向に傾いた。ルイ18世の後を継いだシャルル10世（ルイ16世とルイ18世の弟）は、言論の統制など厳しい措置を取った。これに反発するパリ市民は、１８３０年7月に蜂起し、わずか三日間の七月革命で復古王政は崩壊した。

この七月革命によって成立した七月王政では、オルレアン家のルイ・フィリップが王位に就き、王権神授説は否定され、国民主権が復活した。

七月王政は、フランス革命の継承者としてフランス革命に因んだモニュメントを建てるなどリベラルな姿勢を見せた。その一方で、裕福なブルジョワジーに有利な政策が取られていたために普通選挙の実現を目指す都市の中産階級と労働者階級は、不満を募らせた。

彼らは、「宴会」と称して飲食店で政治集会を行い、普通選挙実現に向けて議論を重ねたが、政府はこの「改革宴会」を禁じた。1846年末には凶作による経済危機と食糧価格の高騰がフランスをはじめとするヨーロッパを襲っていたこともあり、国王と首相ギゾーに対する不満を募らせていった人々は、1848年2月に蜂起し二月革命が勃発。七月王政は崩壊した。

1848年革命とヨーロッパ各地の自由主義運動

1848年からのヨーロッパの一連の動きを1848年革命と呼ぶ。遡ること1830年の七月革命により、フランスで復古王政が崩壊して以降、ヨーロッパ各地では、自由主義とナショナリズムを掲げる運動が活発になっていた。

このような状況の中、1848年のフランスの二月革命の影響は、すぐにバーデン大公国などの西南ドイツへ、3月にはオーストリアのウィーンとプロセインのベルリンへ拡大していった。特に3月13日に勃発したウィーンの三月革命では、自由主義とナショナリズムを抑圧する政府への不満から、学生や市民、労働者たちが軍隊と衝突したために、これに恐れをなした宰相メッテルニヒは辞職し、皇帝は軍隊を撤退させた。

1848年革命の主な動き

またこれまで多くの領邦国家によって構成されていたドイツでは、ドイツ統一の声が高まっていき、フランクフルト国民会議が招集された。このフランクフルト国民会議や各領邦国家の議会では、オーストリアを含む大ドイツ的統一か、オーストリアを除く小ドイツ的統一かについて激しく議論が交わされた。その上、少数民族を領内に含む地域では、民族自立を目指す運動も盛んとなった。

当時、オーストリアは、ハンガリーやボヘミア（チェコ）、北イタリアなどドイツ外を含む多様な政体から構成されていたこともあり、オーストリアを含まないドイツ統一を掲げる小ドイツ主義が優勢となり、プロイセン国王フリードリヒ・ヴィルヘルム４世を世襲皇帝とし、小ドイツ主義的ドイツ帝国の建設を宣言する憲法が成立した。

しかしながらこのプロイセン国王は、三月革命に基づく憲法と皇帝の座を拒否し、オーストリア、バイエルン、ザクセンなどといった主要な領邦も憲法を拒否したために、フランクフルト国民会議は解体した。

このような大国の動きの中で、ハンガリーやボヘミア、イタリアのミラノとヴェネツィアでは、オーストリア帝国の支配に対する民族運動や暴動が勃発したほか、ロシアやオーストリア、プロイセンに分割統治されていたポーランドも独立を求めて蜂起した。イタリアの国家統一運動であるリソルジメントもこのような情勢の中で徐々に拡大していったものであった。

イタリアの国家統一運動（リソルジメント）の展開

イタリアの街を歩いてみると、どの街にも必ずと言っていいほどガリバルディ通りやガリバルディ広場があることに気づく。これはイタリア建国の父ジュゼッペ・ガリバルディ（Giuseppe Garibaldi）を称えるものであるが、１８６０年代から１８７０年代にかけて結実したガリバルディらの国家統一運動は、最初から首尾よく行われたものではなかった。

まず１８００年から１８１５年に至るまで、ナポレオンがイタリアに遠征した結果、サルデーニャ島とシチリア島を除くイタリア半島全域はフランスの統治下に置かれ、フランス皇帝ナポレオンを国王とする「イタリア王国」が完成し、中央集権的な官僚制や教育制度などフランス本国と同じような政策が採用された。ところがナポレオンの失脚と共にこのフランス統治時代は終わりを告げた。

ナポレオン失脚後のウィーン会議の結果、イタリアは次の10の地域に再編された。

サルデーニャ王国（首都トリノ。サヴォイア王家。ピエモンテ、リグーリア、サルデーニャを領土とする）、ロンバルディア＝ヴェネト王国（首都はミラノとヴェネツィア）、パルマ公国、モデナ公国（エステ家）、マッサ＝カッラーラ公国（エステ家）、ルッカ公国（ブルボン家）、トスカーナ大公国（メディチ家）、サン・マリノ共和国、教会国家（ラツィオ、ウンブリア、マルケ、ロマーニャを含む）、両シチリア王国（首都ナポリ。スペイン・ブルボン家）。

この中でも、ロンバルディア＝ヴェネト王国は、オーストリアの統治下に入り、トスカーナ大公国の君主は、オーストリアのハプスブルク家から選ばれることになった。さらに教会国家や両シチリア王国は、独自支配確保の条件としてオーストリア軍の軍事介入などを容認することになった。

イタリア半島へは、これまで影響力を持っていたフランスに代わり、オーストリア・ハプスブルクの影響力が強く及ぶようになったのである。イタリア各地域の中で比較的安定して独立を保つことができたのは、サルデーニャ王国のみであった。

１８２０年にナポリで勃発した秘密結社カルボネリーアによる反乱や１８３０年の七月革命に影響を受けたマッツィーニらによる「青年イタリア」の運動に代表されるイタリア半島各地での革命、さらに１８４８年のシチリアのパレルモやミラノ、ヴェネツィアにおける民衆蜂起のように、イタリア半島抑圧に対する蜂起が定期的に巻き起こっていたが、

1815年のイタリア

出典：北村暁夫・伊藤武編著『近代イタリアの歴史』ミネルヴァ書房、2012年、49頁をもとに作成

そのたびごとにオーストリア帝国によって鎮圧されることを繰り返した。

このような革命や蜂起を経て1861年のイタリア統一が実現するまでの時期は、イタリアの「リソルジメント」（国家統一）期とされているが、それらの運動全てが、最初からイタリアの国家統一という共通の目標に向かって展開したわけではなかった。

19世紀前半にイタリア半島で巻き起こった運動の数々は、それぞれの地域が抱える貧困や社会問題を背景として引き起こされていたという側面も否定することはできない。

さて19世紀のイタリア半島において、唯一独立を保っていた政体であるサルデーニャ王国を治めるサヴォイア家の歴史は古く、その起源は、1003年にまで遡る。サヴォイア家は、1713年のスペイン継承戦争を経て、シチリア王国の王位を獲得したが、1720年にハプスブルク家とシチリア島とサルデーニャ島を交換した結果、シチリア王国の王位の代わりにサルデーニャ王国の王位を得た。

19世紀後半、イタリア各地での運動が盛んになる中、サヴォイア国王ヴィットーリオ・エマヌエーレ2世に仕えるサルデーニャ王国の首相カヴールは、ロシアとオスマン帝国との間で勃発したクリミア戦争（1853〜1856）に参戦することでイギリスやフランスからの信頼を得た。巧みな外交戦術と政治感覚を持つカヴールは、オーストリア帝国の圧政に打ち勝つためには、イギリスとフランスの支援が不可欠だと考えたのであった。

こうして1859年、北イタリアを支配するオーストリアに対して戦争を起こしたところ、途中でフランスのナポレオン3世がオーストリアとの単独講和に踏み切ったために、サルデーニャはロンバルディアを獲得するにとどまった。ところが、オーストリアの圧政に対抗する他の地域も徐々にサルデーニャ王国と併合するという流れに傾いていった。

このサルデーニャ王国主体の国家統一の流れを一気に前進させたのが、もともと青年イタリアに加わり半島各地の蜂起に参加していた軍人ガリバルディであった。

1860年、ガリバルディは、千人隊（赤シャツ隊）を組織し、シチリアとナポリを征服した。このガリバルディの破竹の勢いに恐れをなしたカヴールは、住民投票により、こ

ジュゼッペ・ガリバルディ

れらの地域をサルデーニャに帰属させることを決定すると、ガリバルディはそれを受け入れ、自身が征服した南イタリアの地域をサルデーニャ王国に献上した。

これによって１８６１年、まだヴェネツィア（１８６６年普墺戦争を経て併合）とローマ（１８７０年普仏戦争を経て併合）は含まれていなかったが、イタリア王国が成立した。しかしながらトリエステと南チロルは、オーストリア領のまま「未回収のイタリア」として残された。

リソルジメントの過程において重要な役割を果たしたサヴォイア家であったが、第二次世界大戦後にイタリアで王政が廃止されると２００２年に至るまで国外退去の憂き目を見た。現在は共和制であるイタリアにおける「王室御用達」「王家が愛した○○」という言葉は、このサヴォイア家を指すものであるが、それはサヴォイア家がすでに王家ではないにもかかわらず、同家の影響力やブランドイメージがいかに強いかを物語るものである。

イタリアの「王室御用達」はサヴォイア家御用達？

イタリアでは、いわゆる「王家御用達」を意味する言葉に、「サヴォイア王家の公式サプライヤー」（Fornitori della Real Casa di Savoia）という言葉がある。現在イタリアでは、王政ではないにもかかわらず、宣伝文句に「サヴォイア王家に愛された」などといった文言を使う企業やブランドが散見される。

「サヴォイア王家御用達」の起源や沿革、現在この称号を与えられている企業やブランド一覧を参照するために、「Fornitori della Real Casa di Savoia」というキーワードで情報を探したが、それを名乗る企業やブランドの個々のウェブサイトはヒットするのだが、イギリスの王室御用達（ロイヤルワラント）やスウェーデンの王室御用達の公式ウェブサイトのようなものは調べた限りでは見つけることができなかった。

その代わりに、一番関連がありそうなものとして、現在のサヴォイア家当主エマヌエーレ・フィリベルト・ディ・サヴォイア（Emanuele Filiberto di Savoia, １９７２〜）の公式ウェブサイトに行き着いた。

彼の祖父ウンベルト2世は、１９４６年のイタリアの王政廃止により、国外追放の憂き目を見た最後のイタリア国王であった。エマヌエーレは、祖父の亡命先であるスイスのジュネーブで生まれたが、２００２年の法律改正によってイタリアに帰国することが許された。

彼は、「元」王族という立場を活かし、同年にイタリアに帰国してからは積極的にイタリアのテレビ番組に出演したり、ファッションブランドを展開したりするだけではなく、政治活動も意欲的に行っている。

さらには２０１０年にはサンレモ音楽祭（１９５１年以来、毎年2月にイタリアで開催される歌謡曲の祭典）に出場したり、インスタグラムなどのソーシャルメディアを使って積極的に自身の姿やライフスタイルを発信したり、ロサンゼルスでフードトラックをプロデュースしたりするなどその活動も多岐にわたり、メディア戦略に長《た》けた当主である。

そんな彼の活動や事業の一環として、優れたイタリアの企業に対して与える「エクセレンス認証」（Certificazione Eccellenza）というものがある。このエクセレンス認証を授けるにあたり、エマヌエーレは次の基準を必須条件として定めている。

・生産の50パーセント以上はイタリア国内で行われていること。
・労働者の権利を保護していること。

さらに次の条件のいずれか一つに当てはまることも続けて定められている。

・少なくとも１９７０年以降に設立された会社であること。
・ノウハウを継承し、優れた製品の継続的な生産ができること。

この他にも細かな条件があるが、伝統ある企業やブランドが対象というよりも、これから伝統を紡いでいくであろう比較的新しい企業を対象としている。

これらはエマヌエーレ個人が認める企業に与えられる称号であるために、他国の「王室御用達」とは少し異なる印象を受ける。エマヌエーレ自身による「王室御用達」に対する考えは、エクセレンス認証のウェブサイトで読むことができる。

それは、1946年以来、長らくイタリアから追放されていたサヴォイア家の、しかもメディアへのアピールが上手いエマヌエーレ自身の文言であることに注意する必要があるが、その考えは次のように要約することができる。

「王政廃止以前のサヴォイア家の御用達であった企業は、今でも『王室御用達』(Fornitore della Real Casa) という表現を積極的に用いているが、それは自社製品を積極的に売るために用いられた企業側の戦略であり、必ずしもサヴォイア家の伝統を尊重するという保証はない。」

このように現在のサヴォイア家当主のエマヌエーレは、企業側が勝手に「サヴォイア家に愛された」「王家御用達の」という言葉を使っているという認識を持っており、そのために彼自身の意図で選んだ企業に対して、彼独自の「エクセレンス認証」を創設したという理解でよいであろう。

ところが、「Certificazione Eccellenza Emanuele Filiberto di Savoia」などと検索して

情報を検索しても、このエマヌエーレのものと思わしきウェブサイトしか特にヒットすることはない。ヨーロッパには、欧州連合が認める農産物や食品の品質と原産地を保証するＤＯＰやＩＧＰといった有名な認証があるが、エマヌエーレ自身によるエクセレンス認証がこれらの認証ほど影響力があるようには残念ながら見受けられなかった。

それでも魅力的な「イタリアの」王室御用達

ともかく、現在、「王室御用達」あるいは「王室に愛された」という呼び名を掲げるイタリアのブランドや商品をいくつか紹介して本節を締めくくりたい。

イタリアの「王室御用達の」ブランドといえば、日本でもお馴染みのチョコレートブランドのカファレル、菓子ブランドのレオーネ、ローマのジェラート店のジョリッティ、菓子ブランドのバラッティ＆ミラノ、高級帽子ブランドのボルサリーノ、そしてイタリアを代表するミラノ発のブランドであるプラダなどなど。

ここでは、この中からカファレルとレオーネ、最後にバラッティ＆ミラノを詳しく紹介しよう。

まず日本でも扱いがあるカファレルは、１８２６年にトリノにおいてピエール・ポール・カファレル（Pier Paul Caffarel）によって創始された会社である。滑らかな舌触りとヘーゼルナッツの豊かな風味、細長い三角形が特徴的なイタリアの定番チョコであるジャンドゥイオットを1865年に初めて製造したのは、このカファレルであると言われている。

1869年にはサヴォイア国王のヴィットーリオ・エマヌエーレ2世などの王侯貴族にも認められるなど、現在でもカファレルは、イタリアの中でも有名なチョコレートブランドとして日本やアメリカでも事業を展開している。

次にパスティリエ・レオーネは、1857年にサヴォイア王国統治下のアルバにて創業した菓子メーカーである。1861年にトリノに拠点を移してからも、順調に経営を行ったレオーネ。サヴォイア王国の宰相カヴールは、王国の軍旗がパッケージに描かれたスミレ味のキャンディがお気に入りだったという。

現在ではキャンディの他にチョコレートやグミのような食感のゼリーが市場に出回っているが、イタリアのカフェやバールに行くとよくレオーネのキャンディがレジ脇に並んでいることが多いので要チェックである。

最後にバラッティ&ミラノ（Baratti & Milano）も、1858年にトリノで創業した菓子メーカーである。社名に「ミラノ」と入っているためにミラノの企業かと思われるが、フ

レジ脇に並ぶレオーネの商品

エルディナンド・バラッティ（Ferdinando Baratti）とエドアルド・ミラノ（Edoardo Milano）という創業者たちの名前に由来するものである。

創業当初よりサヴォイア王家の「王室御用達」菓子店になると共に、１８７５年にはトリノの中心部に、現在も営業しているカフェをオープン。厳選された品質のピエモンテ産のヘーゼルナッツやフランス北部のノルマンディー産のミルクを使い、自社の工場で生産されるクレミーノやジャンドゥーヤといったチョコレート菓子は、比較的手頃な値段で買えるにもかかわらずエレガントなパッケージが評判である。

このバラッティ&ミラノが格式高いお菓子であることを語るエピソードが須《す》賀《が》敦《あつ》子《こ》のエッセイ集『ミラノ 霧の風景』より、「チェルデナのミラノ、私のミラノ」の中にある。

チェルデナの大叔母カミッラは、ポルディ・ペッツォーリ侯爵の遺産として相続したスカラ座のボックス席にて、ここに訪ねてくる友人のためにバラッティ&ミラノのキャンディを用意していた。

この描写だけでは、なぜバラッティ&ミラノのお菓子が高級志向なお菓子なのか分からないと思うので、少し説明する。

バラッティ&ミラノのエレガントなパッケージ

ミラノの由緒ある貴族であるポルディ・ペッツォーリ侯爵。その美術品のコレクションは素晴らしく、スカラ座の、マンゾーニ通りを挟み斜《はす》向かいにあるポルディ・ペッツォーリ美術館では、ボッティチェッリ、ペルジーノ、クラナッハの作品が展示されている。

また19世紀から20世紀のミラノの上流階級の人々にとって、スカラ座のボックス席は、単に観劇を楽しむ場所ではなく、そのボックス席を持っていること自体に価値があるものであった。スカラ座での観劇の前後では、互いのボックス席で談笑したり、またボックス席は、そこに座る観客自体が他の人から見えるような構造になっているために、お互いのファッションをチェックしたりすることが常であった。

チェルデナの大叔母カミッラは、訪ねてきた人には自分が好まないハッカの飴を差し出しつつ、上流階級の間での交流を楽しんだのであろう。

「元」王のいる共和政

この節は、イタリアにおいてなぜ「王室御用達」のカフェやお菓子があるのかという疑問から出発した。

イタリアで王政が廃止されてから80年が経とうとしているにもかかわらず、イタリアにおける「王室」という名称が持ついいイメージはいまだに有効であり、そのイメージを使うことを望む企業は決して少なくないこと、「元」王家のサヴォイア家は無闇にイメージを使われることに静かに抵抗していることなど、共和政か王政か、一枚岩では語ることができないイタリアの現実が浮き彫りとなった。

サヴォイア家の現当主による積極的な政治的活動を見ると、イタリアは「元」王のいる共和政なのであろう。

第3節　万国博覧会と都市の発展

万博が都市を作る

第3章第1節では、世界初の美術館・博物館併設カフェであるV&A併設のカフェを説明するにあたり、1851年に開催されたロンドン万国博覧会を取り上げた。博覧会自体は、フランス革命の真っ只中であった1798年にパリで初めて開催されたが、19世紀前半までに各地で開催された博覧会の規模は、国内向けのイベントにとどまっていた。

その一方で、1851年のロンドン万国博覧会以降の博覧会は、開催国の政府や委員会、そして出品者が一体になり、世界の国々から集められた一流のものが展示され、評価されるという国際的なイベントとなっていった。開催国にとって万国博覧会は、自国の文化や技術を世界にアピールすることができる一大イベントであったと同時に、訪問する者にとっても世界各国の一流の出品者たちと出会える場でもあった。

実際、日本が初めて参加した万国博覧会である1867年のパリ万国博覧会では、渋沢栄一といった幕臣たちも視察のためにヨーロッパへ渡航した。大成功を収めた１８５１年のロンドン万国博覧会以降、パリやミラノ、ウィーン、バルセロナなどのヨーロッパ各地やシカゴやニューヨークなどのアメリカ各地では、次々と万国博覧会が開催されると同時に、万国博覧会の開催に合わせて都市も開発されていった。

またこの頃、欧米列強に自国の発展した技術や文化を喧伝するべく、日本でも東京や京都で万国博覧会は開催されていた。東京の上野や京都の岡崎に集まる美術館や博物館、動物園は、19世紀後半に開催された万博会場を利用して今に残されているものである。「そうか、だから上野や岡崎には美術館や博物館がやたら多いのか」と思えば、今回のテーマである万博と都市の発展、それに伴うカフェの展開についてもイメージがつきやすいのであろうか。

本節では、主にパリとウィーンを中心に、19世紀末に洗練されていったカフェ文化について、万国博覧会の展開という時代背景をもとに説明していくことにしよう。

首都ウィーンより、カフェ帝国の展開

17世紀後半頃から神聖ローマ帝国でもコーヒーやカフェが普及していったが、ナポレオ

ンが発した「大陸封鎖令」（1806〜1813）によって、ウィーンのみならずヨーロッパのカフェからコーヒーが消えてしまった。

これは、ナポレオンの最大の敵であるイギリスとの交易を封じるために出されたものであるが、これにより、ヨーロッパ諸地域への砂糖やコーヒーの輸入が途絶えた。そのために人々は、大陸封鎖令が1813年に解除されるまで、チコリ、無花果《いちじく》、ライ麦、大麦といったものから作られた代用コーヒーで耐え凌いだ。

一方、1805年に神聖ローマ帝国がアウステルリッツの戦いによりロシア帝国と共にナポレオンに敗北したことにより、皇帝フランツ2世は、神聖ローマ帝国皇帝を退位、神聖ローマ帝国は消滅した。ところが、フランツ2世は、オーストリア帝国の皇帝としてはいまだに在位しており、オーストリアのみならず、チェコ、スロヴァキア、ハンガリー、北イタリアなどの領土を統治していた。

1815年のウィーン会議後、ウィーンのカフェは、鏡やシャンデリア、ベルベットの室内装飾や大理石のテーブル、そして銀の食器など豪奢《ごうしゃ》なものへと発展していく。またカフェからの眺めが重視されたために、この時期に新しく建てられたカフェの多くは、ウィーンの市壁の外にあった。

ここでは一杯の水と共に銀のトレイに載せられて出されるメランジェ（コーヒーの上にスチームミルクの泡を乗せたもの）が人気のメニューであり、客は、ビリヤードやトランプ、チェスなどに興じた。

豪奢なウィーン風カフェは、オーストリア帝国の統治下にあったプラハ（チェコ）、ブダペスト（ハンガリー）、ザグレブ（クロアチア）やトリエステ（イタリア）へも普及していき、１８７３年のウィーン万国博覧会の際には一つの様式として認識されるに至っていた。

トーネットNo.14

ウィーン風カフェのイメージをコーヒーやその内装と共に形作ったのが、トーネットの椅子「No.14」であった。

この椅子を作ったトーネット兄弟は、１８４２年にドイツのラインラントから宰相メッテルニヒによってウィーンに招かれていた。1859年、兄弟は、大量生産可能な椅子として№.14を作成した。今でこそ珍しくないが、この椅子は、組み立て前の状態で販売されたという点で画期的であった。キットさえあれば、どこでも大量に、同じ椅子を組み立てることができる。

こうして、大理石やベルベットからなる豪奢な内装、銀の食器、そしてトーネットの椅子という装置によって、ウィーンのカフェないしウィーンのコーヒーハウスというイメージが量産され、カフェ帝国が作られていくことになる。

なお、こうしてウィーンを中心に各地に広まっていったカフェ文化であるが、ハプスブルク家の皇妃エリザベートは、ハンガリーのブダペスト駅近くのカフェ・ジェルボワがお気に入りであったなど、オーストリア帝国統治下の地域のカフェが逆に皇帝一家を魅了していた例もある。

カフェ・ジェルボワは、もとよりケーキやお菓子が豊富であるが、皇妃エリザベートが特に好んで食べたのが、ドボス・トルテである。これは、スポンジケーキとモカやチョコレートクリームが交互に重ねられ、最上部には黄金色のカラメルが乗せられたケーキであり、皇妃エリザベートはお忍びでこのケーキを買いに来るほど気に入っていた。

さて、煌びやかなウィーン風カフェとは、正反対の流れとして位置づけられるのが、ビーダーマイヤー様式の流行を受け、多様化したカフェである。

19世紀前半、ウィーン体制成立後のオーストリア帝国では、宰相メッテルニヒによる検閲強化に代表されるように社会全体に閉塞感が漂っていた。この圧政に反発する動きの中で、過剰な装飾を否定し、また政治には関心を持たずに、家族との時間や簡素だが心地のよい身の回りのものに価値を見出すビーダーマイヤー様式が市民の間で広まっていった。

煌びやかなウィーン風カフェとは一線を画すカフェとして人々の支持を得たのは、ウィーン在住のギリシア人やトルコ人のコミュニティーが通った異国風のカフェであった。

アルプスを越えたミラノ風カツレツ

ウィーン風カフェとして、またウィーン風お菓子として長年人々に愛されるものはいくつもあるのだが、ここでは、カフェ・ツェントラルとキップフェル（クロワッサン）、シュニッツェル（ミラノ風カツレツ）に絞って話を進めたい。

19世紀のウィーンにおいて、文学者や芸術家が集まるカフェの一つとして有名だったのが、1847年創業のグリーンシュタイドルである。人々は読書や議論を楽しむために、種類豊富な新聞だけではなく、マイアーの百科事典まで用意されていたこのカフェに集ま

カフェ・ツェントラル店内
写真：小笠原尚司／アフロ

った。

しかしながら都市開発に伴い、1897年にグリーンシュタイドルは取り壊されてしまった。そこで、1856年から1860年にかけて建てられた豪華なフォレステル宮殿(Palais Ferstel)の一角で1876年に創業したカフェ・ツェントラルにも文学者や芸術家たちが集まるようになっていた。

イタリア旅行の際にインスピレーションを得た建築家ハインリヒ・フォルステルは、ヴェネツィアやフィレンツェの建築様式を取り入れつつ、この宮殿を建設。上質な石によって造られたこの宮殿の外観は、ミラノの大聖堂とも共通点が見られる気がする。

このカフェでは、甘いケーキやお菓子の他にも、ハンガリーから伝わったグヤーシュ、チェコに由来するダンプリングことクネドリキ、そしてイタリアから伝わったカツレッことシュニッツェルが提供されていた。つまりフォレステル宮殿内のカフェ・ツェントラルで食事をする者は、オーストリア帝国の支配下にある地域の郷土料理をその地を統治する皇帝のように味わうことができたのである。

本書の第1章第3節にて「アルプスを越えたザッハトルテ」の話をしたことを思い出して欲しい。ザッハトルテは、ウィーンからアルプスを越えてイタリアに伝わったようだが、シュニッツェルはその反対で、ミラノ風カツレツであるコトレッタがイタリアからアルプスを逆方向から越えてウィーンにやってきたことになる。

またフランスを代表する食べ物であるクロワッサンやイタリアの朝食の定番のブリオッシュは、ウィーン生まれのキップフェルに由来するとされている。１５２９年と１６８３年にウィーンがオスマン・トルコ軍に攻撃された（ウィーン包囲）際に、当時のウィーンのパン屋は、「手強い敵を食べてしまおう」という発想のもと、トルコの軍旗に描かれていた三日月を模したパンを作った。

パリのブーランジェリー、ローラン・ディリィのミニ・ヴィエノワズリ

この三日月のパンがキップフェルの由来であり、時代が下り、マリー・アントワネットがフランスに輿入れする際にこのレシピがフランスに伝わり、クロワッサン（フランス語で三日月を意味する）が誕生した。またフランスのパン屋では、クロワッサン、パンオショコラ、パンオレザン、ショーソンオポムといったバターや卵、砂糖を使った甘いパンがまとめてヴィエノワズリ（ウィーン趣味）と呼ばれている。

征服や統治という言葉を聞くと抑圧的なイメージを抱くかもしれないが、オーストリア帝国（１８６７年以降はオーストリア＝ハンガリー帝国）においては、食文化は縦横無尽にアルプスなどを越えて、それぞれの風土に合った発展を遂げたと言えるのではないであろうか。

パリ万博と都市開発

パリでは、19世紀半ばから20世紀前半にかけて、１８５５

年、１８６７年、１８７８年、１８８９年、１９００年、１９３７年と合計６回の万国博覧会が開催され、世界中から多くの人々がパリを訪れた。特に第一回（１８５５）と第二回（１８６７）のパリ万博は、ロンドンでの万博の成功に対抗して開催されたものであった。

１８５５年に開催されたパリで最初の万国博覧会をきっかけに、ナポレオン３世が英仏通商条約を結んだことで、輸入禁止措置の撤廃や関税の引き下げが定められ、フランスの貿易はイギリスに倣って一気に自由化していくことになる。

またもともとパリでは、ナポレオン3世に起用されたセーヌ県知事オスマンが都市開発を進めていたが、これらの万博の開催をきっかけとして、パリの都市開発が加速した。例えば、エッフェル塔やグラン・パレ、プチ・パレ、アレクサンデル3世橋など、今もパリの街に残る建造物は、これらの万博の開催に合わせて建てられたものである。

またフランスやイギリスにおいて鉄道が普及したことにより、人々がより安価で、より遠くに移動できるようになり、旅行が一部の特権階級のものから一般の人々のものになったのもこの19世紀後半のことである。

万国博覧会の時期と前後して、新しい流行や消費文化を発信していったパリのブルジョ

1865年開業のパリの百貨店、プランタンのガラス天井

ワの影響力が拡大していくにつれ、今も残る百貨店がパリのあちこちにできていった。今でこそ世界中の都市に普及している百貨店であるが、買うつもりがなくても自由に出入りできることや安心して買い物ができる定額表示制は、当時画期的な仕組みであり、街の人々の購買意欲を刺激した。

百貨店が賑わいを見せる前は、買い物や食事の場として人気があったのは、ガラスの屋根でできたアーケードであるパサージュであった。パサージュは、季節によっては雨や雪が降る日が続くパリにおいて、寒さを凌ぎつつ、ゆったり食事や買い物を楽しむことができる貴重な場所でもあったが、百貨店の誕生によって急速に減少していった。

ベル・エポック、洗練された「パリのカフェ」

さて、このような時代背景のもと、19世紀後半から20世紀初頭にかけて設立された魅力的なパリのカフェはいくつもある。特に19世紀末から第一次世界大戦勃発（１９１４）までの期間のパリでは、美術や音楽、文学やモードなど様々な分野が発展を遂げたために、この期間は、大戦後に華やかな時代を懐かしむ人々からベル・エポックと呼ばれた。

その全てを語り尽くしたい気持ちもあるのだが、ここでは、まずパリのカフェエリアの変遷を簡単に説明した後に、万博にも関連する代表的なカフェを二つだけ取り上げることとしよう。

フランス革命前の18世紀、パリのサン＝ジェルマン＝デ＝プレの一角で今も営業するプロコープにルソーやヴォルテールといった哲学者が通い、議論を交わしたことは前章で確認した通りであるが、フランス革命後のパリのカフェは、より大衆向けのものに変わると同時に多様化していったという。

王政復古期（１８１４〜１８３０）にはパレ・ロワイヤル周辺のカフェが賑わっていたが、七月革命を経た１８３０年代以降は、グラン・ブールヴァール地区のカフェが栄えた。さらにナポレオン3世による第二帝政期（１８５２〜１８７０）には、モンマルトルの

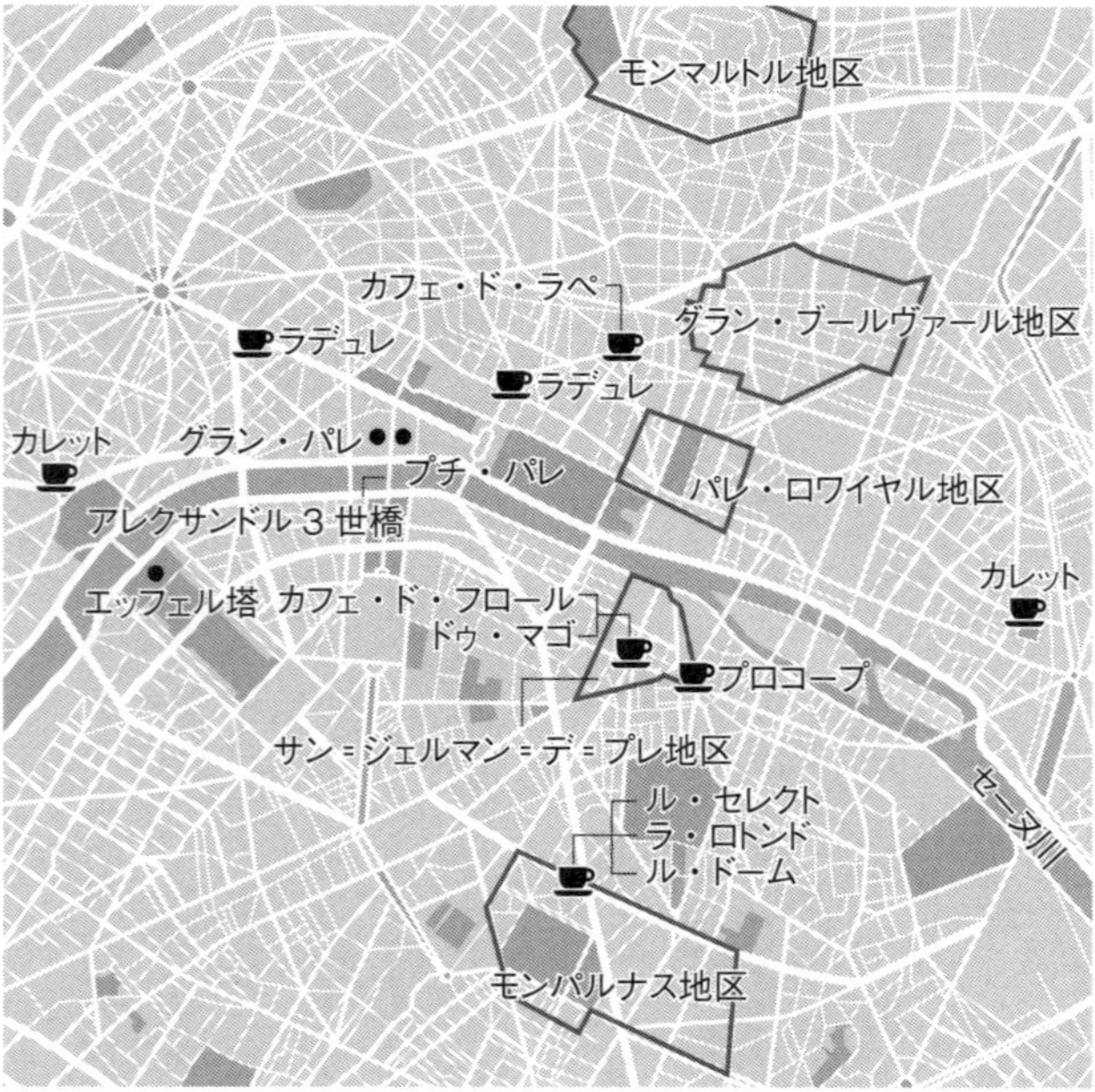
モンマルトル地区
カフェ・ド・ラペ
グラン・ブールヴァール地区
ラデュレ
ラデュレ
カレット
グラン・パレ
プチ・パレ
パレ・ロワイヤル地区
アレクサンドル３世橋
カレット
エッフェル塔
カフェ・ド・フロール
ドゥ・マゴ
プロコープ
サン＝ジェルマン＝デ＝プレ地区
ル・セレクト
ラ・ロトンド
ル・ドーム
セーヌ川
モンパルナス地区

パリのカフェ案内

開発が進み、芸術家や文学者が集まった。

　パリでは19世紀を通じて、次々と様々なエリアが開発されていったが、１８６７年の第二回パリ万国博覧会来場者がこぞって訪れたカフェがある。それは、現在のパリ9区、カプシーヌ大通りとオペラ広場の交差点にあるカフェ・ド・ラ・ペ（Café de la Paix）である。

　カフェ・ド・ラ・ペは、グラン・オテル・ド・ラ・ペの一角のカフェとして、建築家アルフレッド・アルマン（Alfred Armand, １８０5～１８８８）によって建設され、１８６２年にオープンした。オープンから間もない１８６7年、このカフェは、国内外のパリ万博の来場者からも評判を得て有名になっていた。

　所々に金を配色した煌びやかな内装と洗練されたサービスで高い評価を得ていたカフェ・ド・ラ・ペには、作家のエミール・ゾラやモーパッサン、音楽家のチャイコフスキーやジュール・マスネが訪れるようになっていた。19世紀末になると当時皇太子であった後のイギリス国王エドワード7世や小説家のオスカー・ワイルド、さらにはシャーロック・ホームズの生みの親であるアーサー・コナン・ドイルが訪れるようになっていた。

　その後、二度の世界大戦を経てもなお営業を続けていたカフェ・ド・ラ・ペは、２００

2年から2003年にかけて、数々の高級ホテルの装飾・改装を手がけるピエール＝イヴ・ロションによって修復され、第二帝政期の豪奢な内装を今に伝えている。

パリ万博と深いつながりがあるもう一つのカフェは、日本でもお馴染み、淡いミントグリーンと金色がテーマカラーのマカロン専門店ラデュレ（Ladurée）のティーサロンである。

カフェ・ド・ラ・ペの豪奢な内装

カフェ・ド・ラ・ペと同じく1862年、ルイ＝エルネスト・ラデュレによって創業したラデュレは、当初はパン屋としてマドレーヌ寺院近くで創業したが、間もなくして1871年、火災に見舞われたために、パティスリーとして再びオープンすることになった。この際に、ポスター画家ジュール・シェレ（Jules Chéret）がヴァチカンのシスティーナ礼拝堂やパリのオペラ座からインスピレーションを得て、店内の装飾を担当した。

ラデュレのマカロン

１９００年、第五回パリ万博が開催された際に創業者ルイ＝エルネスト・ラデュレの妻ジャンヌ・スーシャールが、カフェとパティスリーの融合、つまりコーヒーとお菓子を同時に楽しめる場として、ティーサロンを世界に先駆けてオープンした。

実は、ラデュレの代名詞とも言えるマカロンが開発されたのは、１９３０年代のことである。創業者の又従兄弟《またいとこ》であるピエール・デフォンテーヌが、ガナッシュを二つのマカロンで挟むという、今に伝わるマカロンのレシピを考案した。

その後、パリ市内にも店舗を徐々に増やしていく。２００６年に公開されたソフィア・コッポラ監督の映画『マリー・アントワネット』では、マカロンをはじめとするカラフルなお菓子でマリー・アントワネットの生活を彩り、世界的なマカロンブームを起こした。

CHAPTER 4

第4章

激動の20世紀前半とカフェタイム

第1節　第一次世界大戦、総力戦の時代のコーヒーとお菓子

総力戦となった第一次世界大戦

1914年6月28日、オーストリア＝ハンガリー帝国の帝位継承者フランツ・フェルディナンドとその妻ソフィーは、オーストリアに併合されていたボスニアの首都サライェヴォにて、セルビア系の青年に暗殺された（サライェヴォ事件）。

もともとオスマン帝国衰退後の19世紀のバルカン半島では、オーストリア＝ハンガリー帝国がボスニア＝ヘルツェゴヴィナを併合した一方で、ロシアは南下政策を進めたことから、バルカン半島は「ヨーロッパの火薬庫」と言われていた。

1914年7月、オーストリア＝ハンガリー帝国がボスニア王国に宣戦布告したのを皮切りに、ヨーロッパ各国は次々と参戦し、ドイツとオーストリアを中心とした同盟国と、イギリスとフランス、そしてロシアを中心とした協商国という二つの陣営に分かれて戦い

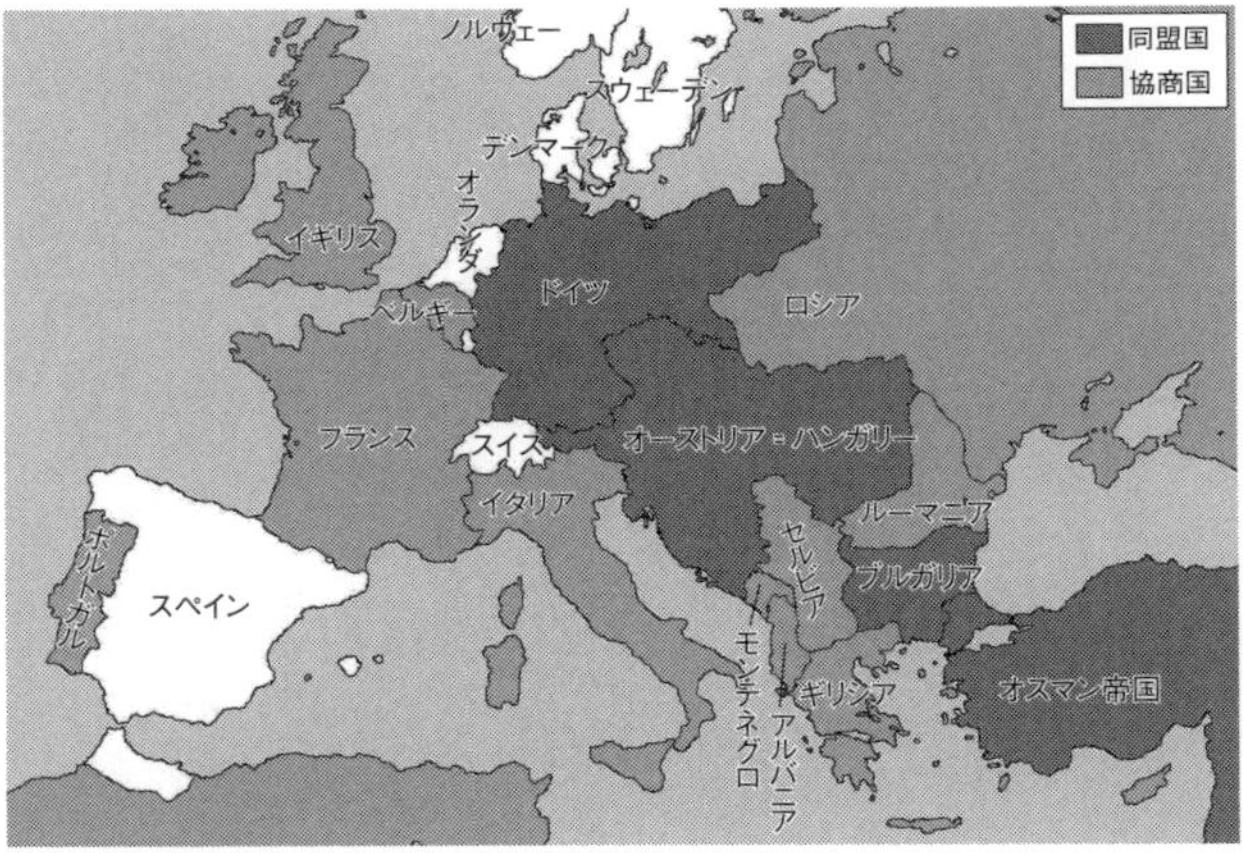

第一次世界大戦時の欧州

は展開した。

ヨーロッパ各地が戦場となり、激しい戦いが繰り広げられる中で、オスマン帝国やブルガリアは同盟国側として、またセルビアやモンテネグロ、ルーマニア、ギリシア、そして日本やイタリア（イタリアは開戦当初は中立を宣言）は協商国側として参戦した。

当初、同年のクリスマスまでには戦争は終わるだろうと希望的観測がなされていたが、飛行機や潜水艦、毒ガスなどの大量殺《さつ》戮《りく》兵器の開発や塹壕《ざんごう》戦により戦局は泥沼化し、１９１７年のアメリカの参戦を経て１９１８年11月11日のドイツ休戦協定により、終戦を迎えるまでには４年の月日を要することとなった。

第一次世界大戦は、各国の国民全てが国家総動員体制で戦争に協力した、史上初の「総力戦」(Total War)であった。それまでのヨーロッパの戦争は、貴族や上流階級出身の軍人のみが戦争に赴いていた上に、冬は休戦するなど、現在の時間の感覚から考えるとかなりゆったりしたペースで進行していた。ところが、第一次世界大戦では、これまで戦争に行くことがなかった階級の者たちも次々と戦地に赴くことになった。

ヴェラ・ブリテンの自叙伝を原作とした映画『Testament of Youth』(邦題：戦場からのラブレター、2014)では、言葉では説明できない時代の雰囲気に駆り立てられるように戦地に赴く若者たちと、彼らを送り出す家族の苦しみが描かれている。

例えば、イギリスでは1915年5月にイギリス史上初の「挙国一致政権」(National Government)が形成され、物資や食糧、そして軍需物資の生産と供給も国家の管理下に置かれた。また1916年1月にはイギリスで初めて18歳から41歳までの独身男性を対象に徴兵制度が導入された。

またフランスでも物資の生産や流通、そして労働力も国家に管理された上に、新聞や雑誌、演劇なども国家が監視した。また知識人や大学教員にも戦争協力が推奨され、研究者たちは戦争を正当化する小冊子を執筆したほか、自ら志願して戦地に赴く教授もいた。

第一次世界大戦の時代にクローズアップする本節では、華やかで美味しいカフェの紹介というよりも、戦時下という非常事態において生み出され、普及した嗜好品や喫茶文化に着目することにしよう。

インスタントコーヒーの普及

戦時下において真っ先に統制の対象となるのは、嗜好品であろう。第一次世界大戦勃発後、コーヒー豆を陸揚げしていたハンブルク、ル・アーヴル、アムステルダム、アントワープといったヨーロッパの港は平時同様に稼働できる状況ではなくなり、円滑な世界交易を前提としたコーヒーの流通は滞ることになってしまった。

特に同盟国側のドイツではコーヒー不足が深刻であったが、兵士たちは戦時下であってもコーヒーの支給を強く希望していた。これまでヨーロッパに向けて中米から輸出されていた高級コーヒー豆は、戦局の悪化により行き場を失った。この中米の高級コーヒー豆を安く購入したアメリカは、中立を表明していた北欧諸国にこのコーヒー豆を輸出し、莫大な利益を得た。

その一方で、グアテマラ在住のベルギー人ジョージ・ワシントンが考案したインスタントコーヒーがアメリカ軍の兵士に支給され、戦場でも気軽に飲めるコーヒーとして人気を得た。

なおインスタントコーヒー自体の開発は、それより前であり、1890年にニュージーランドのデイビッド・ストラングがインスタントコーヒーを開発し特許取得後、1899年にシカゴ在住の日本人科学者、加藤サトリが濃縮したコーヒー液を粉末にする技術で特許を取得した。

加藤サトリのインスタントコーヒーのパンフレット

第一次世界大戦後の1920年代、アメリカでは禁酒法が出されたこともあり、アルコールとは別の嗜好品としてコーヒー人気にさらに火がついた。また、戦後に社会進出するようになった女性向けに、キャリアウーマンのための飲料としてインスタントコーヒーが売り出された一方で、中南米のコーヒーを消費することで生産国を支援することができるというアメリカ人の自尊心に訴えるマーケティングもなされた。

この戦後のコーヒーブームを好機と見たブラジル政府は、アメリカ向けのコーヒー市場を操作しようとしたが、１９２９年10月に突如として起こった世界恐慌により、アメリカにおけるコーヒーの消費量も落ち込むこととなった。ブラジル政府は、コーヒーの在庫を大量に抱え、損をすることを避けるべく、スイスのネスレ社に長期保存可能なインスタントコーヒーの開発を依頼した。

ネスレは、１８６７年にスイスのヴェヴェーにて、アンリ・ネスレにより、母乳の代わりとなる安全で栄養価の高い乳児用乳製品を製造・販売する会社として創設された。１９０５年にはアングロ・スイス煉乳《れんにゅう》会社と合併し、ネスレ・アングロ・スイス煉乳会社となったネスレは、１９１３年に日本支店を開設し、煉乳や乳製品を日本で広めようとした。

第一次世界大戦中には、ネスレの缶入りミルクが非常食として英国陸軍に供給されるなど、製品の需要は高まった。

世界恐慌が勃発した1929年にネスレは、チョコレートメーカーであるペーター・カイエ・コーラーを買収し、以降、チョコレート生産も本格的に開始したほか、ブラジル政府の依頼もあり、1938年にはお湯を注ぐだけで風味豊かなコーヒーを飲むことができる粉末を開発し、以降、世界中にネスレのインスタントコーヒーが輸出されるようになる。

インスタントコーヒーは、カフェでゆったり飲むコーヒーとはまた別のものかもしれない。ただ、インスタントコーヒーは、余剰に生産されたコーヒー豆を無駄にせずに加工品として流通させることを可能にした上に、戦場という過酷な環境であっても楽しむことができる製品として支持を得たことをきっかけに、人々のカフェタイムに浸透していくことになったのである。

女性の社会進出、労働

第一次世界大戦の際に各参戦国の成人男性の大半が戦地に赴いたために、これまで男性が担ってきた役割や職業を女性が担うようになった。それをきっかけに、女性の社会進出が進んだという理解が一般的にはなされている。

イタリアも例外ではないが、第一次世界大戦勃発時にイタリアが中立国であった時点では、男性は軍隊に入り戦争で活躍することで男性性を強調し、女性は男性が不在の家庭を守る存在であることがナショナリストや未来派によって主張されていた。ところが、戦争が泥沼化していく中、1915年にイタリアが参戦し多くの成人男性が戦地に赴くと、女性の労働力が必要とされるようになっていた。

軍需工場や郵便配達、公共交通の車掌や警備員などが、戦時中に女性が担った職業として挙げられるが、農村からも多くの男性が兵士として徴用されたイタリアでは、女性の労働力が農業を支えた。

軍需工場では女性たちが、手榴弾や爆弾などの武器、エンジンやタイヤ、パラシュート、そして軍服や缶詰などの生産の場面で働いた。さらに、市電の運転手や車掌、官庁や企業の事務職（経理やタイピスト）といった職業は、都市部の女性が担うようになった。

イタリアに限らず、各国の様々な分野や職種で、これまで社会に出て働くということがなかった女性たちが活躍することになったわけだが、ここではイタリア・ミラノのチョコレート会社のザイニ（Zaini）を紹介することにしよう。

ペルージャ生まれのペルジーナ（Perugina）、トリノ発のカファレル（Caffarel）、そしてボローニャ生まれのマイアーニ（Majani）など、イタリアには老舗チョコレート会社がいくつも存在するが、意外にもミラノ発のチョコレートブランドは少ない。ここで言及するザイニは、1913年の創業以来、ミラノの地でチョコレートの製造と販売を行っている会社である。

1913年、ルイージ・ザイニ（Luigi Zaini）とその妻のオルガ（Orga）は、ミラノのカルロ・デ・クリストフォリス通りに工房を構えた。

間もなくして第一次世界大戦が始まり、男性が戦地に赴くと、ザイニのチョコレート工房で働く女性たちは、製造過程のみならず、丁寧かつ確実な手仕事でチョコレートの包装までこなした。1938年、創業者のルイージが亡くなった後も、妻のオルガは、経営者として工房を運営し、二人の子供たちを後継者として育てた。

このオルガの息子たちが2代目社長を務めた時期を経て、1990年代以降、オルガの孫にあたるルイジとアントネッラが3代目社長に就任してからも、ザイニは、美味しいだけではない、凝ったパッケージデザインのチョコレートを生産し続けている。

現在、ミラノには、カフェ併設のザイニの店舗は創業当初から同じ場所で営業を続けるデ・クリストフォリス通りの本店を含め二つあり、ベル・エポックからアール・デコの時代に移り変わる、創業当時のミラノの店舗を再現したかのようなクラシカルな雰囲気で統一されている。

カフェでは、カラフルかつ洗練されたパッケージデザインのチョコレートが販売されているほか、喫茶スペースではコーヒーとチョコレート、焼き菓子などを味わうことができる。

なおザイニは、この二つのシックな店舗とは別に、ミラノ市内に大きなチョコレート工場を構えており、そこでは小売店や街のバールに卸すためのチョコレート菓子が生産されている。ザイニのチョコレート一粒をコーヒーのサービスにつけてくれるカフェがイタリアにはあり、要チェックである。また市販用のザイニのチョコレートは、イタリアのスーパーマーケットでも気軽に購入することができる。

ザイニのカフェ併設の店舗や公式ホームページでは、1910年代から戦後に至るまでの写真や歴代のパッケージが紹介されている。そこには戦時中に工房で働く女性たちや、時代のスタイルや流行が反映され

ザイニの凝ったパッケージデザイン

たパッケージデザインを見ることができる。

銃後の女性たちが従事した職業の中には、過酷なものもあったであろう。新しい世界に飛び込んでいった、この時代の名もなき女性たちの苦労に想いを馳《は》せずにはいられない。

戦争捕虜とバームクーヘン

1914年、協商国側のイギリスの求めに応じた日本は、第一次世界大戦に参戦し、ドイツが拠点を置いていた中国の青島《チンタオ》を攻撃した。

青島の戦いは、日本の戦争で初めて航空機による空中戦や爆撃が実施された戦闘であり、短期間でイギリスと日本の連合軍が勝利した。この勝利により、日本は、満州・大連・芝罘《チーフー》間通信線の運用権を獲得したほか、おおよそ4500名以上のドイツ人捕虜を国内12箇所の日本の収容所にそれぞれ移送した。

このドイツ人捕虜たちは、1919年のヴェルサイユ条約締結を経て、1920年にドイツに送還されるまで数年にわたり収容所で過ごした。当時の日本は、海外の技術を日本に取り入れ、日本の産業を発展させるという政策もあったために、収容所内のドイツ人捕虜による食、スポーツ、音楽、出版などの活動は盛んに行われた。

青島におけるドイツ人の志願兵の中には、製パン、精肉、ビール醸造の職人もおり、本職の知識や技術を活かし、日本人に対して指導にあたった者もいた。

例えば、アウグスト・ローマイヤーは、収容所から解放された後、帝国ホテルでハム・ソーセージ職人として働き、銀座にてレストラン「ローマイヤー」を開いた。また青島で菓子販売店と喫茶店を営んでいたカール・ユーハイムも、兵士ではなく民間人であるにもかかわらず、捕虜として日本に連れてこられたドイツ人であったが、製菓技術を伝えると共にバームクーヘンを日本で初めて広めた。

第一次世界大戦後、ドイツ人捕虜が本国に戻される中、日本に残った元捕虜たちもいた。カール・ユーハイムもその一人であり、明治屋の社長・磯野《いその》長蔵《ちょうぞう》が銀座で開いた喫茶店カフェ・ユーロップの製菓部で務めた後に、中国の青島に残っていた妻エリーゼと息子を日本に呼び寄せ、横浜にエリーゼの名前を取り喫茶店「E・ユーハイム」をオープンした。

カール・ユーハイム

ちなみに1920年代にコーヒーが美味しい銀座のお店として有名であったカフェ・ユーロップは、2017年にGINZA SIXにて復活したことで話題になったものの、残念ながら今では閉店してしまっている。この横浜にあったユーハイムのお店は、1923年の関東大震災によりダメージを受けたために、震災後、神戸に店を移転した。

神戸の三宮に改めて喫茶店「ユーハイム」をオープンしたカール・ユーハイムと妻エリーゼは、バームクーヘンを焼き続けたほか、日本で初めてマロングラッセを販売したとされている。ユーハイムには、財界人や谷崎潤一郎のような作家も訪問し、美味しいお菓子を食べることができるお店として評判となっていた。

ところが、終戦の前日の1945年8月14日にカール・ユーハイムは死去、妻エリーゼは、GHQによってドイツへ強制送還されてしまった。ユーハイムの日本人職人たちは、カール・ユーハイムが神戸の地で広めたバームクーヘンなどのお菓子を作り続けるために、エリーゼが再び日本の地を踏むことを願いつつ、ユーハイムを再興した。

1953年、エリーゼは、再来日を果たし、ユーハイムの事業拡大と発展に尽力した。高度成長期に沸く1960年代の日本では、利便性と効率を求めて食品添加物を使用した食品が普及するようになる。この状況を憂《うれ》いたエリーゼは、1969年にユーハイムでは食品添加物を使わずに、自然の原料を使うという方針を主張し、今でもユーハイムでは、極力食品添加物を使わずに美味しいお菓子を作るという企業努力がなされている。

ユーハイムといえば、日本全国の百貨店や商業施設に小売店が入っている印象であるが、神戸元町本店には喫茶室も併設しており、バームクーヘンやフロッケンザーネトルテなどのドイツ風のお菓子のほか、本店限定のショートケーキやパフェなど日本のカフェらしいメニュー、さらにはハンバーグやビーフシチューもある。

第一次世界大戦、そして第二次世界大戦の歴史を通して見るならば、戦争捕虜の中には残酷な扱いを受けた人々もおり、戦争の負の遺産として向き合わねばならないことも事実である。

ユーハイムのように、第一次世界大戦という悲惨な総力戦の時代において、捕虜として敵国に連れてこられたにもかかわらず、製菓技術や喫茶文化を発展させたケースは稀かもしれない。戦争捕虜を楽観的に捉えることはできないが、極東の地で今もなお、さらによいお菓子を作ろうと努力し続けている企業の歴史は、第一次世界大戦から第二次世界大戦にかけての多層的な対立構造を考察する一つの鍵とも考えられるであろう。

第2節　日本にコーヒー文化がやってきた

日本とコーヒー文化の出会い

ここまで主にヨーロッパ諸国の歴史とカフェの変遷について記述してきたが、本節では日本に舞台を移し、カフェ文化の発展について説明することにしよう。まず日本にコーヒーが普及した経緯と明治維新から太平洋戦争に至るまでのカフェの変遷について説明した後に、明治時代以降の東京と京都、それぞれの都市のカフェの展開を描くとしよう。

いったいいつ日本に初めてコーヒーがやってきて、人々がそれを口にしたのか。その正確な記録はないものの、長崎出島のオランダ人商人に倣って、商館に出入りしていた通訳、遊女、そして役人は17世紀末から18世紀までの間にはコーヒーを口にしていたとされている。

その後、飲み物としてのコーヒーは、結局日本人には受け入れられることなく時が流れたが、1853年のペリー来航をきっかけに、1858年には居留地の外国人向けのものとして日本に輸入されるようになる。

1867年には第15代将軍徳川慶喜《とくがわよしのぶ》が政権を朝廷に返還し、王政復古のクーデターが行われ、徳川幕府は消滅した。こうして日本では700年以上続いた武士による統治が終了すると、天皇による政権が樹立した。世の中の体制が大きく変わる中、1870年代には徐々に日本人によってもコーヒーが飲まれるようになっていった一方で、開国以降、生糸や養蚕紙と共に日本茶がヨーロッパに輸出されるようになっていた。

日本初の喫茶店と言われているのが、東京・上野で1888年に鄭永慶《ていえいけい》によってオープンした可否茶館《かひさかん》である。イェール大学に留学し、アメリカのコーヒー文化に親しんだ鄭永慶は、1883年に要人や貴族の社交場として建設された鹿鳴館《ろくめいかん》に対抗し、一般の人々が楽しめる場ということでこの喫茶店を開いた。

可否茶館は、書籍やビリヤード、将棋、碁、トランプ、クリケット場を備えた充実の設備であったが、そこで提供されるコーヒーの値段はまだ庶民には手が届かなかったせいか、わずか4年で閉店してしまった。

新都・東京のカフェーと純喫茶

可否茶館は、時代を先取りし過ぎた喫茶店であったのだろうか、20世紀に入ると、徐々に日本でもカフェを作ろうという動きが生まれた。

1908年、ロマン主義的な文芸雑誌『スバル』を発行したメンバーの一人として知られている北原白秋《きたはらはくしゅう》を中心としてパリのカフェのようなお店が模索された。しかしながら当時の日本でパリのカフェのようなお店はなかなか見つからず、集まった文学者たちはお酒も交えて宴会を開くようになり、この「パンの会」(ギリシア神話の牧畜の神パンに由来)と名付けられた集まりは、耽美《たんび》派の芸術運動を促進した。

最初の試みからわずか3年後の1911年3月、文学者や芸術家たちの活動の甲斐《かい》もあって、フランス帰りの松山省三《まつやましょうぞう》によって銀座にカフェー・プランタンがオープンした。このカフェは、コーヒーや洋酒、軽食を「女給」が給仕する会員制のカフェであり、森鷗《もりおう》外《がい》や永井荷風《ながいかふう》、北原白秋といった文人や芸術家たちが集まった店であった。

その後、同年8月にはカフェー・ライオンが、同年12月にはカフェーパウリスタがオープンし、銀座は他のエリアに先駆けてカフェの街となった。

特にカフェーパウリスタは、コーヒーを中心としたメニューを売りとし、徹底した安さでより一般向けの店として成功した。

パウリスタの創業者であり皇国殖民会社の社長であった水野龍《みずのりょう》は、サンパウロ州政府より、日本からの移民輸送に対する貢献を讃《たた》えられ、最初は三年間の契約でコーヒー豆の無償提供を受けることになった。原料の仕入れコストを最低限に抑えたパウリスタは、コーヒー一杯の客も歓迎したために、学生や庶民が集まる場となり、芥川龍之介《あくたがわりゅうのすけ》や平塚《ひらつか》らいてうなどもここに通ったとされている。

またパウリスタでは、給仕以外のサービスを前提とし、チップを必要とする女給ではなく、男性のボーイが採用された。コーヒー豆の無償提供期間は12年間にまで延長されたが、１９２３年の関東大震災により、銀座のパウリスタは倒壊、以降、現在も続くコーヒー豆の輸入・焙煎会社、日東珈琲として営業の形態を変えることとなる。

なお、１９７０年に日東珈琲によってカフェーパウリスタは銀座に再オープンし、喫茶営業を行うほか、通信販売でお菓子や自家焙煎コーヒーの販売も積極的に行っている。

１９２３年の関東大震災をきっかけに、東京のカフェ事情は一気に変わってくる。それは、カフェーパウリスタのようなボーイがリーズナブルなコーヒーを給仕するお店は例外として、提供される食べ物や飲み物そのものよりも、そこで働く女給がお店の売りになってきたということである。
林《はやし》 芙美子《ふみこ》の『放浪記』や太宰治《だざいおさむ》の『人間失格』にも登場するように、カフェーの女給は、その容姿や立ち振る舞い、話術でお客を惹《ひ》きつけ、チップを主たる収入源とする職種の女性たちである。このような女給たちが提供するサービスは、過激さを増していき、警視庁による取り締まりも強化されていく。

カフェーパウリスタ銀座本店
写真：當舎慎悟／アフロ

１９２０年代から１９３０年代にかけて、このようないかがわしいカフェーと、コーヒーと食事のみを提供する健全な純喫茶がはっきりと分化していった。カフェーに対する取り締まりが効果を生むようになると、１９３０年代には女給を置かずに健全な営業を行う純喫茶がブームとなっていった。

この頃になるとアメリカからのコーヒーの情報やコーヒーの基本的な知識や淹れ方が出版物などを介して

共有されるようになり、各店舗は提供するコーヒーの品質にこだわり、日本独自の喫茶店文化が洗練されていくことになる。

東京では、御茶ノ水、神田、本郷、そして上野、有楽町などでレトロな純喫茶を見かけることが多いが、やはり太平洋戦争を経て消失してしまったお店も多いのだろうか、管見の限り、戦前から営業している喫茶店は少ない印象を受けた。

もちろん１９２９年からフルーツパーラーを営業している１８３４年創業の千疋屋《せんびき》、１９２４年創業のフランス洋菓子店コロンバン、１９０１年創業の新宿中村屋などといった、戦前に喫茶部門を運営していたが、今は事業を拡大し全国展開している企業や、餡子《あんこ》がたっぷり詰まったバタートーストが有名な１９３３年創業の珈琲ショパン（２０２４年12月現在、休業中）や、同じく１９３３年創業の茶房きゃんどるといった戦争を経ても今なお営業を続けているこぢんまりとした喫茶店もある。

古都・京都のカフェとパン屋

明治維新から太平洋戦争までの東京のカフェ事情を概観したところで、次は京都のカフェ文化について見ていくこととしよう。

日本の古都・京都。意外にもコーヒーとパンの消費量のランキングで京都市が毎年上位に入ったり、太平洋戦争前から続く老舗喫茶店がいくつもあったりなど独自のカフェ文化が根付いている。パン屋との関係抜きには語ることができない京都のカフェ文化の展開について、ここでは綴っていくことにしよう。

1860年代末の明治維新以降、様々な分野で急速に発展を遂げていった新都・東京に対して、京都人は「天皇さんはちょっと東京に行ってはるだけ」と古都の誇りを持って冷ややかな目で新都の発展を見つめていた。

明治政府が、富国強兵と殖産興業を掲げ、西洋に倣って日本を発展させようとする中、1877年（明治10）、東京の上野公園で第1回内国勧業博覧会こと、万国博覧会を初めて日本で開催した。産業奨励を目的に、日本全国から農業や機械など様々な分野の出品物が集められ、審査・表彰が行われた。45万人以上の人々が集まり、大成功を収めた。

回を重ねるごとに博覧会開催が大きな影響と利益を生むことが明らかになったために、日本の有数の都市は、誘致合戦を行うようになる。1895年（明治28）に開催された第4回内国勧業博覧会の誘致に成功したのは、古都・京都であった。京都の建都1100周年にあたる1895年に開催されたこの万博は、1868年の東京遷都以降、覇気を失っていた京都を再び盛り上げようとする京都の人々によって並々ならぬ期待がかけられていた。

会場の立地として平安神宮の南の岡崎が選ばれ、美術館、工業館、農林館、機械館、水産館、動物館が設営されたほか、会場の外には市街電車が運行するなど、古都・京都は電気の街となり、道路や宿も整備された。ちなみにこの万博の跡地は、東京や世界各国の万博会場となったエリアと同様に、今ではいくつもの美術館や動物園、そして遊園地といった文化施設が集まる場所となっている。

この京都での勧業博覧会にてパンやビスケットを販売し、京都市民の間にパンの存在を広めたのは、1892年（明治25）に中京区寺町三条上ルにて創業した京都初のパン屋・西洋軒であった。現在では、京都にこの西洋軒は残っていないが、明治維新後、東京や京都で先に広まっていたパンやビスケットを京都で広めたのがこの西洋軒であった（滋賀県に現在も続く西洋軒とは別）。

京都のカルチエ＝ラタン

大正時代（1912〜1926）に入ると、京都でも一気にパン屋の数が増えていく。商家や職人が多い京都では、汁気が少なく、なるべく手を汚さずに食べることができるパンやビスケットは、人々に受け入れられていくことになる。

そんなパン屋から事業を始め、1930年（昭和5）に京都で初めてのカフェをオープンしたのが進々堂《しんしんどう》であった。1913年（大正2）に左京区旧三高東側で創業した進々堂の創業者・続木斉《つづきひとし》は、京都で進々堂をオープンする前は、東京にてクリスチャンとして内《うち》村鑑三《むらかんぞう》のもとで学び、また新宿中村屋で働きながら外国語学校で英語を専門的に学んだ。

このようにしてもともと外国に対する関心が高く、知識も豊富だった続木は、進々堂の経営が軌道に乗り始めたタイミングで、パン作りを学ぶためにパリへ留学することを決意した。留学前には、京都大学の太宰施門《だざいしもん》のもとでフランス語を学んだ続木は、1924年（大正13）より2年あまりパリに滞在。パリのブーランジェリーやカフェのみならず、欧州各地を回り、パン文化を吸収した。

東京ではすでに関口カトリック教会付属のパン工房がフランスパンを製造販売していたが、京都で初めてフランスパンを普及させたのがこの進々堂の続木であった。

研究熱心な続木は、本場パリのパンとコーヒーを学生たちに提供するお店として、パリ左岸の学生街・カルチエ＝ラタンのカフェを京都流に再現した。店内には人間国宝である漆芸《しつげい》・木工作家の黒田辰秋《くろだたつあき》が手がけた大きな木のテーブルと椅子があり、訪れた人は思い思いに本や論文を読んだり、静かに友人と語らったりする。

「進々堂京大北門前」として知られているこの老舗カフェは、現在の株式会社進々堂とは、別法人として営業されている。株式会社進々堂は、２０２４年現在、寺町店や北山店、京都府庁前店、東洞院《ひがしのとういん》店や三条河原町店、そして京都芸術大学店などと京都各地にベーカリーカフェおよびテイクアウト専門店を展開しており、種類豊富で美味しいパンが評判である。

株式会社進々堂は、ノートル・パン・コティディアン（私たちの日ごとの糧）というキリスト教の聖書に由来する言葉をモットーにパン作りを続けているとのこと。

米を主食とする食生活が定着した日本では、パンといえばオプションの一つに過ぎず、別に毎日食べなくてもいいものかもしれない。けれども創業者・続木が見たパリでは、ブーランジェリーことパン屋は人々の生活になくてはならないものであり、また最もお金をかけずに食べることができるものでもある。

現在のパリの伝統的なカフェでも、朝ご飯ことプチ・デジュネ（Petit déjeuner）のメニューには、バゲットをスライスして、バターやジャムを添えたタルティーヌ（あるいは最初から塗られているお店もあり）というものがある。

開店から11時頃までプチ・デジュネを提供しているカフェが多いが、クロワッサンに並び、タルティーヌに至っては、2〜3ユーロという安い値段で食べることができる朝食である（中にはジャムを別売りにしているお店もある）。なるほど、パンは庶民にとって日ごとの糧なのだ。

もっとも、現代の京都の学生たちの一番の節約ご飯といえば、実家からお米を送ってもらえる人は家で炊いた米や、ローソンストア100やフレスコで購入した食品なのかもしれないが、創業者・続木は、このようなパリでのパンの位置づけを見て、値段の心配をすることなく、パンを食べつつ勉学に励んで欲しいと思ったのであろう。

「自由」の砦となった京都のカフェ

本節の最後に、太平洋戦争前の京都で創業した老舗カフェをいくつか紹介する。京都では他の都市よりも空襲が少なかったためか、戦前に創業し、今も営業を続けているカフェが東京よりも多い印象を受けた。

戦前・戦中から営業している京都の老舗カフェといえば、1932年（昭和7）創業のスマート珈琲（寺町通三条上ル）、１９３４年（昭和９）創業の築地（河原町通四条上ル）、１９３５年（昭和10）創業の珈琲の店 雲仙（綾西洞院町）、１９３７年（昭和12）創業の喫茶静香（千本今出川）、そして１９４０年（昭和15）創業のイノダコーヒなどが挙げられる。

ここでは、当時の芸術や政治的活動と深い関係があった、１９３４年（昭和９）創業のフランソア喫茶室のストーリーに着目することにしよう。

もともと画家になるために美術学校に通っていた創業者・立野正一《たてのしょういち》は、労働運動に傾倒し、運動を啓発するために、四条木屋町の町家を改装してフランソア喫茶室をオープンした。フランソア喫茶室には、当時の世界の政治的情勢や文学、映画、美術について記されたタブロイド誌『土曜日』（１９３６年創刊）が置かれており、自由や平和、学問や未来について語り合いたい人が集まった。

創業時の１９３０年代といえば、昭和恐慌の影響を受けると同時に、日本が植民地拡大路線を取るなど、戦争の足音がひたひたと迫っていた時代であった。

戦時中の１９４１年には、当時、京都大学に留学していたイタリア人アレッサンドロ・ベンチベニや画家の高木四郎らが手がけたデザインをもとに大規模な改装が行われた。戦況が厳しくなり、コーヒーも提供できなくなった時代もあったが、画家・藤田嗣治《ふじたつぐはる》（第二

フランソア喫茶室店内
提供：フランソア喫茶室

次世界大戦中パリより帰国）、映画監督・吉《よし》村《むら》公三郎《こうざぶろう》、演出家・宇野重吉《うのじゅうきち》、フランス文学者・桑原武夫《くわばらたけお》、哲学者・矢内原伊作《やないはらいさく》といった文化人たちが通った。

その一方で、言論の自由を謳《うた》ったカフェの創業者として警察にマークされていた立野は、治安維持法違反（1925年に制定、1941年に全面的に改定された共産主義活動を抑圧するための法律）によって逮捕・収監されるが、その間、ウエイトレスであり後に立野の妻となった立野留志子《るしこ》が店を支えた。

今でこそ豪奢でクラシカルなカフェとして名高いフランソア喫茶室であるが、カフェ成立の政治的・社会的背景を考えると思わず背筋が伸びる気がする。

イタリアの豪華客船をイメージしたという店内には、鮮やかなステンドグラスや、紅い天鵞絨《ビロード》が張られた椅子や艶やかな木のテーブル、様々な絵画が設置され、クラシック音楽が流れている。また2003年にフランソア喫茶室は、カフェとしては国内で初めて国の登録有形文化財に指定され、今にその優雅な姿を伝えている。

フランソア喫茶室の魅力はいくつもあるが、個人的には、京都の日本画家・浅野竹二《あさのたけじ》がデザインしたメニュー表やクラシカルなロゴが入ったナプキンや食器に魅力を感じる。京都は、このようにいつまでも残って欲しいハイカラなカフェがいくつも存在する街なのである。

第3節　狂騒の20年代、知識人とパリのカフェ

知識人、パリを目指す

ウディ・アレンが監督した映画『ミッドナイト・イン・パリ』（2011）。2010年、パリの街中を彷徨《うろつ》いていた主人公ギル（オーウェン・ウィルソン演）は、夜中の12時の鐘と共に現れたクラシックカーに乗り込むと、いつの間にか1920年代のパリにタイムスリップしていた。

そのまま参加したパーティーでは、小説家のF・スコット・フィッツジェラルドと妻のゼルダ、その次に向かったバーでは、やはり小説家のアーネスト・ヘミングウェイに出会う。さらにギルは、2010年と1920年代を行き来するうちに、パブロ・ピカソ、サルバドール・ダリ、マン・レイ、アンリ・マティスなどといった芸術家たちと出会う。

19世紀末から1920年代にかけての煌びやかなパリが描かれるこの映画は、いわゆるタイムスリップものであるが、なぜ、1920年代のパリにこれだけの芸術家や知識人が

集まっていたのであろうか。本節では、芸術の都となった1920年代パリの政治的・社会的背景に触れた後に、この時期を代表するパリのカフェをいくつか紹介していく。ベル・エポック（Belle Époque）、「よき時代」を意味するこの言葉は、19世紀末から第一次世界大戦勃発までのパリが繁栄した時代を指す言葉であるが、同時代的に使われていた言葉ではない。むしろ第一次世界大戦と大戦後の困難に直面した人々が、過去の華やかな時代を懐かしんでつけた呼称である。

パリで芸術家たちが活動し、煌びやかな時代を築くことができたのはなぜか。それは、19世紀後半にかけて美術の分野で自由化の動きが進んだことによる。

もともとは王立アカデミーに起源を持つ芸術アカデミー（Académie des Beaux-Arts）がサロン展（ルーヴル宮サロン・カレで開催される展覧会）の審査を独占していたが、第二帝政期（1852〜1870）には芸術家たちから旧体制に対する反発の声が上がるようになっていた。

このような動きを受けて、1862年には独自の展覧会を開催する国民美術協会が設立されたり、1863年には皇帝ナポレオン3世がサロン展とは別に落選者展の開催を許可したりした。作品発表の場を求める芸術家たちも積極的に活動するようになり、1874

年には後に「印象派」と呼ばれる団体が、写真家ナダールのスタジオでグループ展を開催した。

その後、フランスでは出版の自由が1880年代に確立した。エミール・ゾラのように社会問題を扱う自然主義の小説や戯曲に対する訴追の動きはあったものの、フランスは、伝統的な道徳観や宗教観に対して、最も自由に発言し、議論できる国となった。

またフランスには多くの美術館や美術学校があったことや、美術史が学問分野として確立したこと、さらには新聞や雑誌での美術批評が活発に行われたことも、世界中の多くの芸術家をパリに惹きつける要因となった。出版や言論が自由化する中で、ジャーナリズムによる政府への批判も激化していった。

また「知識人」という言葉の誕生も、「ドレフュス事件」というこの時期の政治的・宗教的な出来事に起因している。1894年、ユダヤ系のドレフュス大尉が、軍事機密をドイツに流したという罪に問われ、本人は無実を主張したものの、軍事法廷で終身刑の判決を受けた。

この判決をめぐり、ユダヤ人に対する差別（反ユダヤ主義）を指摘し、再審を求める勢力と、再審に反対する勢力とにフランスの国論は二分された。特に1898年にエミール・ゾラが、急進共和派の新聞『オーロール』に「われ弾劾する」という論説を掲載し、ドレフェスを擁護すると、さらに論戦は激化した。

最終的に１９０６年、ドレフェスは無罪となったが、この事件は、フランスにおける人権と民主主義、共和政体の理念を問うものとなった。またエミール・ゾラの他にも、デュルケム、プルースト、アンリ・ポアンカレらが、ドレフェス擁護派に加わった。このような国家に対峙する文化的・政治的前衛を指して「知識人」という言葉が誕生した。

「知識人」、芸術家、そして文化人は、出版、芸術、言論と様々な分野で、他国に比べると寛容であったフランスを目指して世界中からやってきた。例えば、１９１７年のロシアにおける十月革命で国外追放された知識人や芸術家たちは、ベルリンやパリに亡命した。音楽家のセルゲイ・ラフマニノフは、革命を機にパリには渡らなかったものの、ストックホルムを経てニューヨークへ亡命し、二度とロシアには戻らなかった。

またこれらの亡命知識人とはまた違った理由で、パリに流入するアメリカ人もいた。19世紀後半、南北戦争後に鉄道、船舶、金融や不動産などで巨万の富を築いた「ニュー・マネー」の人々が、排他的なニューヨークの社交界から締め出されると、ロンドンやパリなどヨーロッパを目指した。

また1920年代アメリカの「ジャズエイジ」や「フラッパー」を体現する小説家フィッツジェラルドと妻ゼルダは、アメリカを抜け出し、パリや南仏をたびたび訪問していた。ジャズエイジやフラッパーとは何か、については、続いて説明する。

第一次世界大戦後、疲弊したフランス

芸術や文化の華々しい発展に彩られた「ベル・エポック」のフランスであったが、第一次世界大戦は、フランスにおける社会構造を大きく変えた。総力戦となった第一次世界大戦により、戦死者は130万人以上、負傷者は300万人にものぼったばかりか、出生率が劇的に低下した。その上、多くの工場が破壊され、畑は穴だらけになった。

またフランスは、戦費を賄うために、アメリカから巨額の借金をしたことで、戦前には450億フランの債権国だったのに、戦後には350億フランの債務国になってしまった。

このフランス国内における人口減少と労働力不足を補うために、1920年から1935年までの間に、フランスは、イタリアや東欧などから200万人以上の外国人労働者を受け入れた。これらの外国人労働者は、政府からフランス人同等の労働条件を保証された上に、資源豊富なアルザス＝ロレーヌがドイツから返還されると、フランスの重化学工業

は、1920年代のうちに大いに発展した。

狂騒の20年代、レザネフォル

第一次世界大戦後のアメリカやヨーロッパ諸国は、1929年に世界恐慌が起こるまで、狂騒の20年代と呼ばれる時代に突入した。

第一次世界大戦後の1920年代、戦場となったヨーロッパより一足先にアメリカ合衆国では、経済が成長し、大量生産・大量消費が一般的となり、自動車や映画、ラジオが普及し、人々は物資的な豊さを享受した。またラジオ局や番組の数が増えていく中でジャズの人気が拡大していった一方で、幾何学図形や直線からなるアール・デコ様式のデザインと建築が流行した。

バズ・ラーマン監督の映画『華麗なるギャツビー』（原作・フィッツジェラルド、2013）に登場するような、短いスカートにボブカット、濃い化粧と強い酒を好む女性、「フラッパー」が登場したのもこの時代であった。また1920年にアメリカ合衆国で制定された禁酒法に対抗する形で、アルコールを密売する潜り酒場としてスピークイージー（speakeasy）が流行した。

フラッパーの象徴的女優ルイーズ・ブルックス

このように第一次世界大戦後に好景気に沸く世の中で、人々が享楽に耽《ふけ》りながらも様々なものを想像したこの時代は、「狂騒（狂乱）の20年代」、「ジャズエイジ」、「ローリング・トゥエンティー」（Roaring Twenties）などと呼ばれている。20世紀前半において燦然《さんぜん》と輝くこの時代は、１９２９年の世界恐慌によって幕を閉じる。

一方、ヨーロッパもアメリカに続いて「狂騒の20年代」に突入する。特にフランス語圏では、この時期は、「レザネフォル」（Les Années folles）、つまり「狂乱の時代」と呼ばれている。

芸術の分野では、シュルレアリスムが最盛期を迎え、小説家・詩人のアンドレ・ブルトン、ルイ・アラゴン、フィリップ・スーポーや、芸術家のサルバドール・ダリ、そしてデザイナーのガブリエル・シャネルらがパリで活躍した。

また「失われた世代」（Lost Generation）と呼ばれる、第一次世界大戦を経て、世の中に失望し、アメリカからパリへ渡ったアーネスト・ヘミングウェイ、ガートルード・スタイン、そしてフィッツジェラルド夫妻もパリの芸術家コミュニティーで活動した。

さらにスペインからはピカソ、ロシアからはシャガール、日本からは藤田嗣治など様々な芸術家たちがパリにやってくると共に、美術、音楽、文学、ファッション、舞台芸術など分野を超えて交流し、時には手を組み、共に制作を行った。

例えば、フランスを中心に活動を展開した「バレエ・リュス」（ロシアバレエ団）の活動には、マリー・ローランサンやガブリエル・シャネルのほか、ピカソやマックス・エルンスト、ジョアン・ミロ、さらにはジャン・コクトーも携わったことで、これらの前衛芸術家たちは、バレエと縁が深いパリの社交界とも関係を持つことになった。

またこの時代を象徴する芸術様式である「アール・デコ」の名前の由来となっ

レザネフォルの頃のフランスの雑誌『ガゼット・デュ・ボン・トン』

た現代装飾美術・産業美術国際博覧会（Exposition Internationale des Arts Decoratifs et Industriels modernes）が1925年4月から11月にかけてパリで開催された。

「ベル・エポック」の時代に流行したアール・ヌーヴォー様式は植物をモチーフにしたような緩やかな曲線からなるデザインが特徴的である。それに対し、アール・デコ様式は、工業の発展により合成樹脂や鉄筋コンクリート、強化ガラスなどの新素材の誕生や工業製品の普及により変化していった都市に生きる人々の価値観を反映する形で、無駄な装飾を排除し、実用的かつ機能的なフォルムに美意識を見出すことを特徴としている。

以上のように様々な芸術運動や様式が重なり合い、芸術家や知識人たちの創造力を刺激していった奇跡のような「レザネフォル」に生きた人々の活動拠点の一つがカフェであった。

モンパルナスの喧騒

パリでは第二帝政期（1852〜1870）にエリアの開発が進んだ結果、芸術家や文学者たちはモンマルトルに集まったが、20世紀に入ると、アポリネールやアントワーヌ・ブールデル、モディリアーニ、エリック・サティ、アンリ・マティスといった芸術家たちは、セーヌ川左岸の6区と14区にまたがるモンパルナスに集うようになっていた。今でもこの地区には当時の芸術家たちが集っていたカフェやアトリエが残されている。

モンパルナスを語る上で、「ドミエ」と呼ばれた魚が美味しいル・ドーム（Le Dome, 1898年創業）やヘミングウェイの代表作『日はまた昇る』にも登場するル・セレクト（Le Select, 1924年創業）、画家たちの絵が飾られているラ・ロトンド（La Rotonde, 1903年創業）、見事なアール・デコ様式のラ・クーポール（La Coupole, 1927年創業）などの店は外せない。

ラ・ロトンド

ちなみにラ・ロトンドは、第25代フランス大統領エマニュエル・マクロンが、2017年のフランス大統領選挙の第一回投票で首位に立った時、多くの支持者と共に豪勢に祝賀会を行った店であり、その際、マクロンは非難を浴びた。

今では「観光客価格」であるこれらのカフェやブラッスリーであるが、より家賃の安い場所を求める芸術家たちがモンパルナスにやってきた20世紀初頭の時点では、その日のコーヒー代を払えるかどうかも分からない貧しい芸術家にも開かれた店であった。

例えば、ル・ドームは、1898年の創業当初は小さなタバコ屋兼カフェに過ぎず、アメリカ人やドイツ人留学生が気軽に集まることができる場所であった。またラ・クーポールでは、食事目的でやってきて、それなりの金額を使う客だけではなく、コーヒー一杯で長時間居座る客も歓迎した。

さらにラ・ロトンドのオーナーであるヴィクトール・リビヨンは、支払い能力のない客たちのためにお勘定を書き換えたり、画家たちには現金の代わりに絵による支払いを認めたりした。この時期にラ・ロトンドに集まった絵は、複製ではあるが店内で見ることができ、赤が基調の内装を見事に彩っている。店主のリビヨンは、芸術家たちに親愛の情を持って接し、彼らが自由に交流し、互いを刺激し合える場所を提供していたのである。

その後、ラ・ロトンドは、1920年代にソ連から亡命した芸術家を受け入れるなど、自由を求める人々の最後の砦として機能していたが、モンパルナスが芸術の街として有名になっていくと、徐々に芸術家や知識人に憧れた人々が集まるスノッブな雰囲気になっていった。

貧しい学生や外国人、そしてエコール・ド・パリの学生や芸術家たちも受け入れたモンパルナスのカフェたち。およそ１００年の時を経て、それぞれの店の客層も、価格も大きく変わってしまったものの、確かに20世紀初頭の時点では、お手頃かつ自由に交流や議論ができる空間として機能していたのであり、この時代を生きた芸術家や知識人たちの痕跡をたどるのも、また一つのカフェの楽しみ方である。

ドゥ・マゴ

20世紀の芸術家や知識人から愛された地区として、現在のパリ5区にあたるカルチエ＝ラタンやサン＝ジェルマン＝デ＝プレが挙げられる。

カルチエ＝ラタンは、パンテオン・ソルボンヌ大学やパリ第六大学、リセ・ルイ＝ル＝グランといった教育機関や国立中世美術館に代表される文化施設、さらには本屋が点在する古き良き学生街である。またサン＝ジェルマン＝デ＝プレでは、文学者や哲学者、詩人たちが通ったカフェとして、サン＝ブノワ通りを挟んで向かい合うドゥ・マゴ（Les Deux Magots, １８８４年創業）とカフェ・ド・フロール（Café de Flore, １８８７年創業）が有名である。

ドゥ・マゴの前身は、絹織物とノベルティーを扱うお店であった。

この店には、二体の中国の人形があり、レ・ドゥ・マゴ（Les Deux Magots）という店名はこの人形から付けられた（Magot は陶器でできた中国や日本の人形を意味するフランス語）。1884年にレ・ドゥ・マゴが酒などの飲み物を提供するお店に変わってからも、この名前は引き継がれ、現在でも二体の中国の人形は店の中に飾られていると共に、これらの人形は現在のロゴにも採用されている。

ドゥ・マゴの中国人形

1914年に現在のオーナーの曾祖父にあたるオーギュスト・ブーレー（Auguste Boulay）が店を買い取り、ギヨーム・アポリネールなどの文学者や芸術家、知識人などを積極的に迎え入れると、店はたちまち文学カフェとして有名になった。ドゥ・マゴのレシートには、わざわざ「文学カフェ」ならびに「知的エリートが集うところ」と印刷されるほどであり、常連たちは日々議論に花を咲かせた。

ドゥ・マゴは、カフェの中で文学賞を設けたお店としても有名である。１９３３年、アンドレ・マルローの『人間の条件』がゴンクール賞を受賞したことに刺激を受けたドゥ・マゴの常連たちは、自分たちの手で若手の作家のための文学賞としてドゥ・マゴ賞を創設した。第一回目の受賞作は、作家レーモン・クノーの『はまむぎ』。この賞の趣旨に共鳴したドゥ・マゴの店主が、第二回以降の賞金を提供することになり、以降、毎年選考が行われている。

また日本の複合文化施設Bunkamuraもパリのドゥ・マゴ賞の趣旨を支持し、１９９０年には日本独自のBunkamura ドゥマゴ文学賞が創設された。なお、その前年にはBunkamura内にドゥ・マゴを模したドゥ マゴ パリ（Deux Magots Paris）がオープンしたが、２０２３年4月に営業終了。２０２５年現在、Bunkamura ル・シネマ渋谷宮下内で規模を縮小した形で営業を続けている。

第二次世界大戦後もドゥ・マゴの人気は衰えず、ボリス・ヴィアン（Boris Paul Vian）がトランペットを吹く中、ジャン＝ポール・サルトルやシモーヌ・ド・ボーヴォワールが仲間との議論や自身の執筆のために通った。

1985年、マティヴァ一族（Mathivat）がこのカフェのオーナーとなると、先述の東京、ブラジルのサンパウロ、そしてサウジアラビアのリヤドにドゥ・マゴの店舗を拡大していった。店舗数こそ少ないものの、これらの都市には「パリのカフェ」に対する一定の需要があるのであろう。

カフェ・ド・フロール

一方でカフェ・ド・フロールも、文学者や芸術家たちがこぞって集まる活動拠点となった。

特にギヨーム・アポリネールは、1912年にこのカフェの一部を編集室にして、文学雑誌『パリの夕べ』（Les soirés de Paris）を刊行した。またアポリネールは、フィリップ・スーポーとアンドレ・ブルトンといった若い詩人たちをこのカフェで引き合わせ、ダダイズム（第一次世界大戦に抵抗し、既存の秩序の否定や破壊を特徴とする芸術運動）誕生のきっかけを作った。

なおアポリネールは、台本はジャン・コクトー、音楽はエリック・サティ、舞台芸術はパブロ・ピカソ、振付はレオニード・マシーンが担当した前衛バレエ『パラード』のプログラムを書き、そこで初めて「シュルレアリスム」という言葉を使ったとされており、アンドレ・ブルトンが１９２４年に『シュルレアリスム宣言』を発表したことでこの芸術運動が始まった。

１９３０年に入ると、芸術家や文学者に加えて、編集者や映画関係者もカフェ・ド・フロールに集うようになっていた。１９４０年から１９４４年に至るまでナチス・ドイツがフランスを占領していた時期であっても、カフェ・ド・フロールにはドイツ人が訪れることもなく、創作を行う知識人や芸術家たちの最後の砦のようであったとジャン＝ポール・サルトルは述べている。

カフェ・ド・フロール

そして１９４５年10月にパリのクラブ・マントナンにてサルトルが、第二次世界大戦後の世の中で「根源的な不安」に苛《さいな》まれている人々に対し、「人間存在」の在り方（実存）に着目し、生きることの意味を問い直したことで、実存主義が広まった。この思想に共鳴した芸術家や知識人たちもカフェ・ド・フロールに通い、それぞれの自由に対するビジョンを表現しようとした。

1960年代に入ると、ジーン・セバーグやアラン・ドロンなどといったヌーヴェルヴァーグを牽引した映画界の人々だけではなく、イヴ・サンローラン、ピエール・ベルジエ、ユベール・ド・ジバンシィ、カール・ラガーフェルド、ギ・ラロッシュといったファッション界で活躍したクチュリエ（デザイナー）たちもこのカフェにやってきた。

いわゆるセレブリティが集うカフェとして知名度を上げていったカフェ・ド・フロールはハリウッドの映画関係者も立ち寄る場所となり、今ではインフルエンサーの聖地となっている。白い食器に緑色のカフェ・ド・フロールの文字、緑の丸テーブルに籐の椅子は見るからに「パリのカフェ」であり、写真をたくさん撮りたくなる気持ちもよく分かる。

カフェ・ド・フロールは、20世紀を生きた芸術家や文学者、哲学者、映画関係者、そしてセレブリティたちが、ふらりとそこに訪れ、そこで出会った人と会話や議論を楽しんだり、また一人で思索に耽ったりした場所である。

ここではカフェ・ド・フロールゆかりの人々を全て書くことは紙幅の都合上控えるが、自分と同じようにこのカフェの空間を楽しんだ先人たちのエピソードを一つ一つ発見するのは、とっておきのカフェの楽しみだったりするのである。

CHAPTER 5

第5章 多様化する20世紀後半のコーヒーライフ

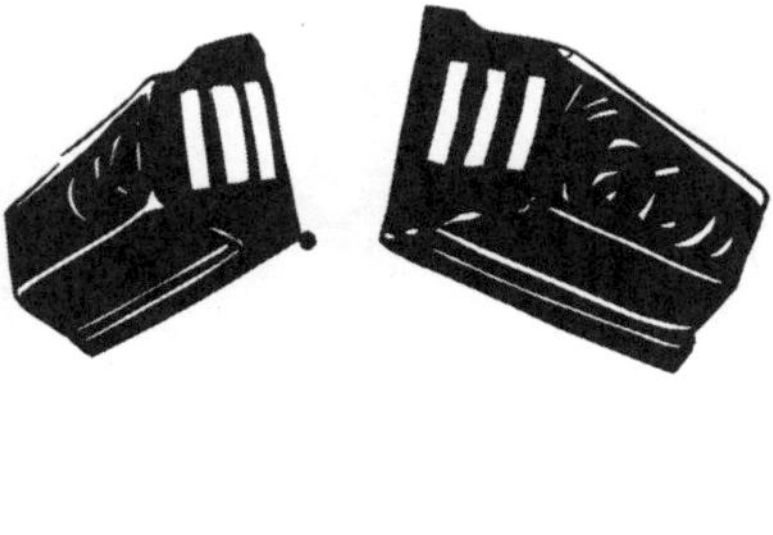

第1節　第二次世界大戦と嗜好品

第二次世界大戦の勃発

戦時中という非常事態において、コーヒーやお茶、お菓子など、嗜好品と分類されるものは、不要なものと看做される傾向にある。第二次世界大戦期に着目する本節では、これまで語ってきたカフェや喫茶文化から少し離れて、戦時下における嗜好品を中心に記述を進める。

１９２９年にアメリカから瞬く間に世界中に広まった世界恐慌、この影響を最も受けたのは、第一次世界大戦の敗戦国のドイツであった。多額の賠償金を科せられ、植民地も没収されたドイツは、アメリカのニューディール政策（新規巻き直し）のような有効な対策を取ることができなかった。

大量の失業者を生み、インフレに苛まれるドイツにおいて、指導力を発揮したのはアドルフ・ヒトラーであった。マルクス主義とユダヤ資本をドイツの諸問題の諸悪の根源だと主張したヒトラーは、不況の解決を求める人々からの支持を集め、1933年1月に首相に就任した。

さらにヒトラーがナチスの一党支配体制を確立すると、国家全体の利益を優先する「全体主義」（ファシズム）が各国に広まっていく。1935年にドイツの再軍備を宣言したヒトラーは、翌1936年には、第一次世界大戦後に奪われていたラインラントに進軍した。

1939年9月1日、ポーランドへ侵攻したドイツに対し、イギリスとフランスが宣戦布告したことにより第二次世界大戦が勃発した。

開戦当初、孤立主義の立場を守るアメリカは、1935年に制定された中立法を盾に大戦への参戦を否定していた。ところがイギリスへの支援を望む大統領フランクリン・ローズヴェルト（在任1933〜1945）は、中立法を緩和し、イギリス、フランス、そして中国などからなる連合軍に軍需品などを供給した。

この連合軍に対し、ドイツ、イタリア、そして日本は枢軸国として対立し（1940年9月に日独伊三国同盟結成）、特に勢いを得たドイツ軍は、1940年の春以降、ヨーロッパの国々を攻略していった。デンマーク、ノルウェー、オランダ、ベルギーへと侵攻して

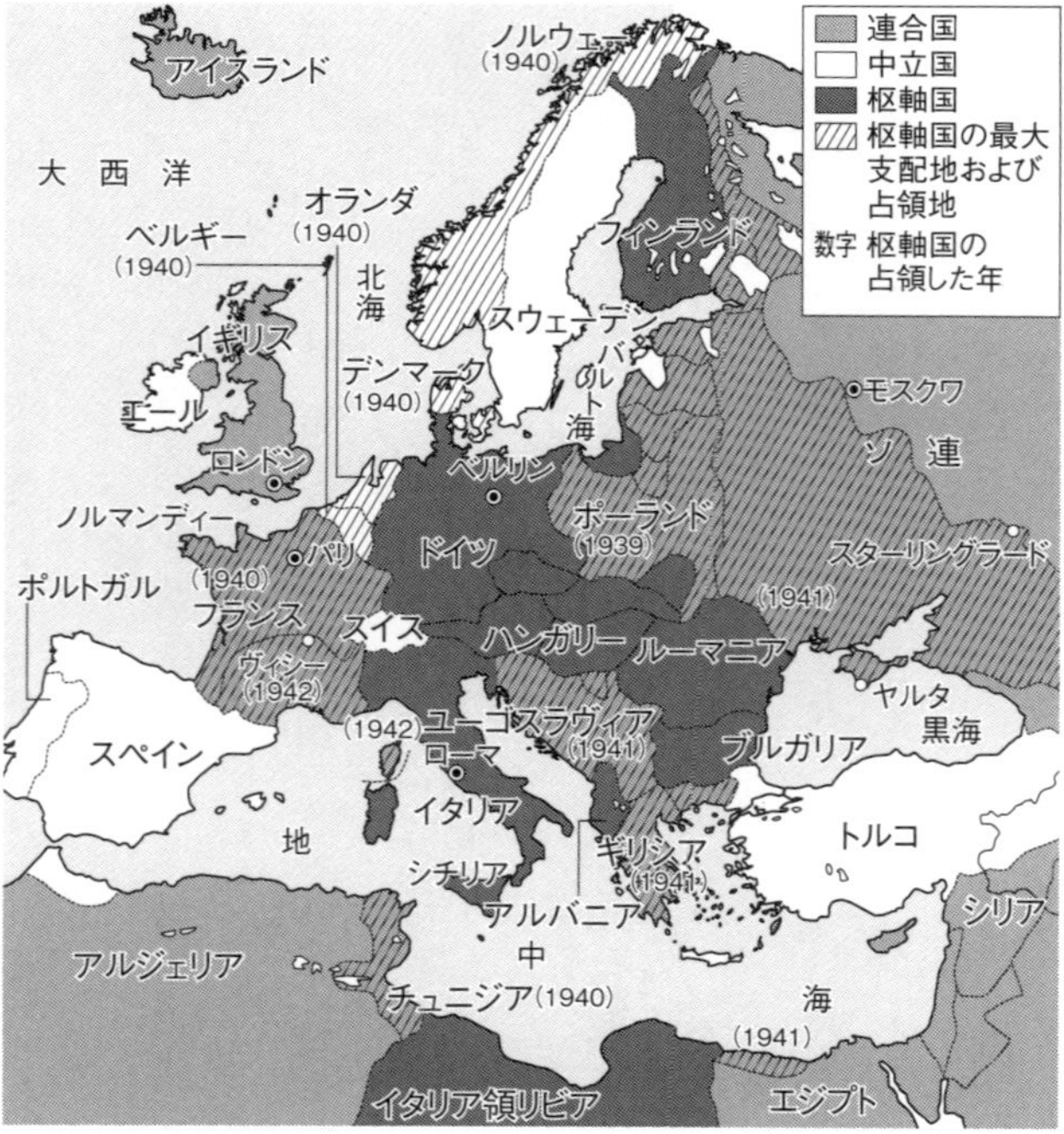

第二次世界大戦時の欧州

出典:「世界の歴史」編集委員会編『新 もういちど読む山川世界史』山川出版社、2017年、263頁をもとに作成

いったドイツ軍は、１９４０年6月にはパリを占領、さらに9月に入ると、ロンドンを空襲により攻撃した。

　１９４１年に入るとローズヴェルト大統領は、イギリスのウィンストン・チャーチル首相と会談し、ファシズムと戦うことを確認すると共に、戦後処理構想について宣言を出した。

　１９４2年以降、連合軍の反撃が少しずつ広まっていった上に、１９４3年2月、スターリングラードの戦いでソ連軍がドイツ軍に勝利すると、これまでドイツが優勢であった流れが大きく変わり始めた。

　同年7月に、連合軍がシチリアに上陸すると、9月にはイタリアは降伏した。１９４3年11月には、イタリアが抜けた後の枢軸国に対する作戦と戦後処理についてカイロ会談やテヘラン会談で話し合いが進められた。さらに１９４４年6月には連合軍がノルマンディー上陸作戦を決行すると、ドイツ軍は劣勢に立たされるようになった。

　１９４5年2月にはアメリカのローズヴェルト大統領、イギリスのチャーチル首相、ソ連のスターリンの間で戦後のドイツの扱いや国際連合の設立が決められた。ドイツは、包囲するソ連軍に抵抗を続けたが、１９４5年4月にベルリンは陥落し、5月には無条件降伏をした。これでヨーロッパでの大戦は終結した。

一方で1937年に日中戦争が勃発すると、日本軍は、アジアの国々への侵攻を次々と進めていった。当初の日米両政府は、交渉により戦争を回避する方法を模索していた。ところが1941年に東条英機《とうじょうひでき》が首相となったことを機に、日米間の交渉は頓挫《とんざ》した。アメリカの国務長官コーデル・ハルが、中国およびインドシナからの日本軍の撤退を求める「ハル・ノート」を日本に提出したが、日本はこれを受け入れなかった。ますます強硬な態度を示す日本軍は、1941年12月、ハワイの真珠湾を攻撃すると、アメリカは日本に宣戦布告し第二次世界大戦に参戦することになり、太平洋戦争が勃発した。

真珠湾攻撃後、日本軍は、香港、グアム島、ソロモン諸島、ビルマ、そしてシンガポールに侵攻を続けたが、1942年6月のミッドウェー海戦でアメリカ軍が反撃すると、徐々に苦境に追いやられていくことになる。さらに1944年6月にアメリカ軍がサイパンを獲得すると、そこは日本の本土への空襲のための基地となった上に、アメリカ軍は沖縄に上陸し、地上戦では多くの民間人が亡くなった。

本土での空襲が激しさを増す中、1945年8月には広島と長崎に原子爆弾が相次いで投下され、8月15日、日本はポツダム宣言を受諾し、降伏した。

る。

食品を通じたプロパガンダ

戦時中は、人やものの流れが制限され、いずれの国や地域でも物資不足に陥る傾向がある。

少し時代は遡るが、ドイツで代用コーヒーが他の国よりも浸透していた理由を説明することにしよう。

ドイツでは、１６８０年前後には交易が盛んであったハンブルクやブレーメンでコーヒーハウスが設立され、18世紀前半以降、徐々に他の地域でもコーヒーが普及していった。しかし、当時植民地を持たなかったドイツの各領邦では安定してコーヒー豆を確保することができなかった。そのために国産の原料を使った代用コーヒーの開発が盛んに行われ、特にチコリコーヒーは広く普及した。ナポレオンの大陸封鎖令も代用コーヒーの普及を促進したが、19世紀末になると、ドイツは、ブラジルなどからコーヒーを大量に輸入するようになり、人々は代用ではないコーヒーを飲むようになっていったのである。

19世紀に入ると、工業が発展し、人口が増加したドイツでは、ベルリンを中心に外食産業が発展していく一方で、大量生産・大量消費を前提とした食品が市場に出回るようになり、食品会社による広告もより大々的なものになっていった。

ところが第一次世界大戦が勃発すると、イギリス海軍による海上封鎖を受け、ドイツへの食糧輸入ルートが絶たれてしまった。その上、当初戦争は短期間で決着がつくという見通しがなされていたために、ドイツ政府は、食糧の流通や備蓄に対する十分な政策を行うことができなかった。深刻な食糧不足に陥ったドイツでは、十分な供給量があったジャガイモからパンが作られたり、配給制が導入されたりした。

敗戦後もハイパーインフレーションや多額の賠償金に苦しんだドイツでは、1920年代に一時期食糧事情が持ち直したものの、1929年の世界恐慌の影響を受け、状況は悪化した。

この頃、権力を掌握していったナチ党は、健全なドイツ国民を育成するために、食糧や資源の確保を可能とする領土拡張、つまり「生存圏」を拡大することを主張する。

さらにナチ政権は、ドイツ民族の健康を向上させる食品として全粒粉パンを大々的に推奨し、1939年には「帝国全粒粉委員会」を作り、全粒粉パンの生産を強化しようとした。また、昔からドイツの庶民の間で伝わる煮込み料理「アイントプフ」を質素な生活を送る国民の料理として喧伝した。

このように戦時下のドイツでは、愛国的なプロパガンダによる国民の食生活の統制が試みられたが、それと同時に、ナチ政権は占領地域から食糧を奪うことでドイツ本国の食糧供給を安定させようとしたのであった。

パスタとファシズム

一方、イタリアでも戦時中のプロパガンダの影響を受けた食品会社の例がある。それは、１９１２年創業のナポリ県のグラニャーノ（Gragnano）の老舗パスタメーカー、パスティフィチオ・ディ・マルティーノ（Pastificio Di Martino）である。

20世紀初頭のパスタは、「マカロニ紙」と呼ばれる青い紙に包まれてバラ売りされていたが、その後、ブリキの箱や木箱に入れられて海外にも配送されるようになっていった。創業者ジュゼッペ・ディ・マルティーノ（Giuseppe Di Martino）は、自社のパスタをアメリカにも輸出し、同社のパスタの品質は、アメリカのイタリア系移民の間でも評判となっていった。

ところがイタリアでファシズム政権が力を持つようになると同社の社名は「帝国パスタ工場」（Pastificio Impero）に変更するように強制された。その上、創業者ジュゼッペの意に反して、パスタのパッケージに描かれる女性は金髪の「アーリア人」にするように政府

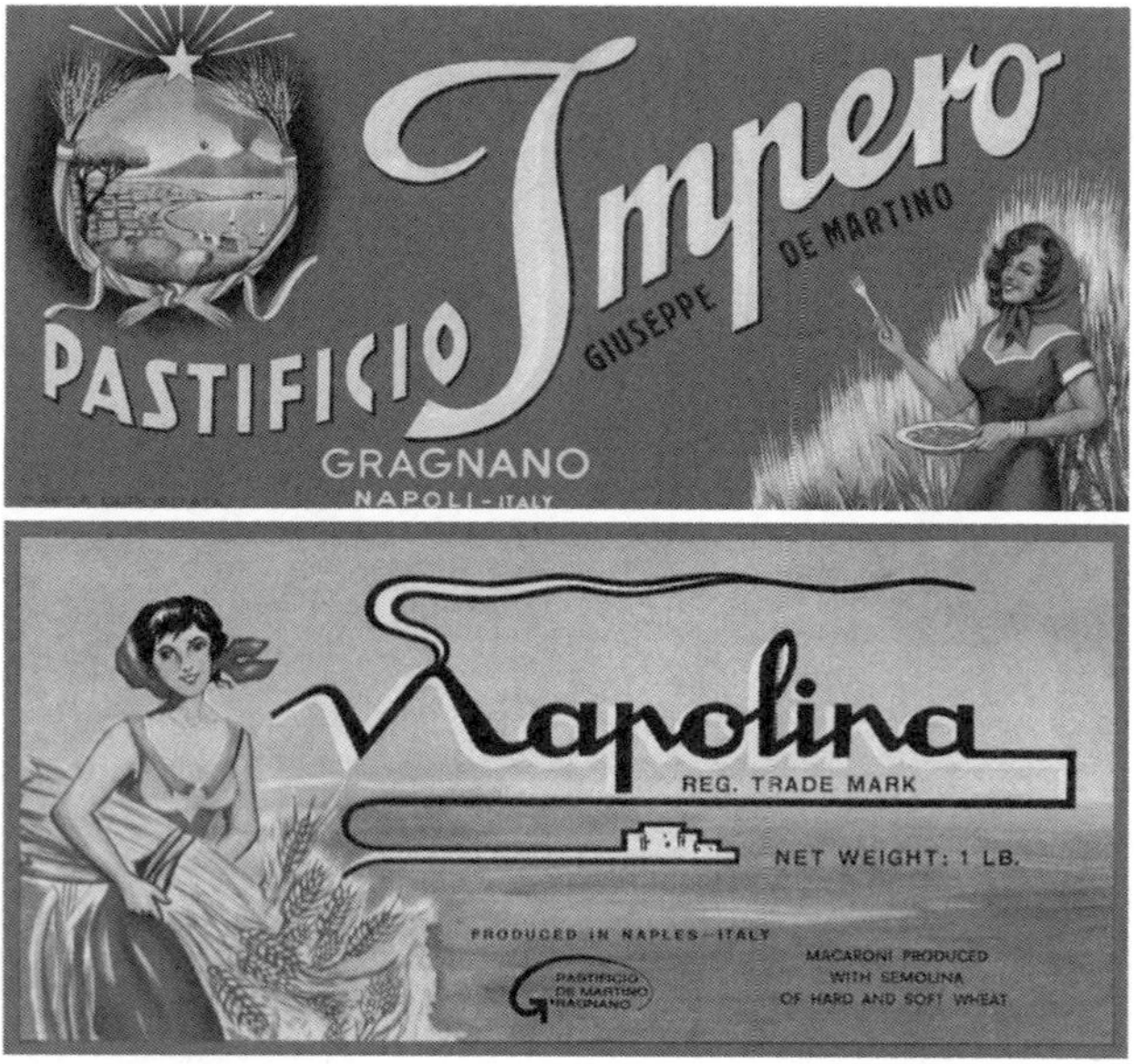

戦中の帝国パスタのデザイン（上）と戦後のナポリーナのデザイン（下）
出典：Gruppo DiMartino公式HP（https://gruppodimartino.it/la-storia/）

により命じられた。

　さらにその工場も含め、グラニャーノの街全体は、連合軍による空爆を受けるなど数々の困難に見舞われたが、戦後、社名は再び「パスティフィチオ・ディ・マルティーノ」に戻された。創業者ジュゼッペは、息子たちと協力して事業を立て直したほか、1950年代には輸出用のブランドとして南イタリアのパスタということを容易に想起させる「ナポリーナ」

(Napolina) の販売も開始した。

ファシズム政権下の帝国パスタ工場時代のディ・マルティーノのデザインと、戦後の輸出用ブランドとしてのナポリーナのデザインを比較してみると、赤が基調の前者のデザインには、ピッタリとしたラインの赤いワンピースを着た金髪で巻毛の女性が麦穂を背景にパスタ皿を持っている（目はうっすらとしか描かれていないので碧眼かどうかは判断がつかない）。

その一方で、ナポリの海を想起させるようなエメラルドグリーンが基調の後者のデザインには、いかにも南イタリアの町娘といったラフないで立ちの黒髪で黒い目の女性が、両腕に麦穂を抱えた状態で描かれている。同じ会社で作られたパスタであるが、その時代が求めるものを反映し、それぞれ異なるパッケージがデザインされていたのであった。

「青い」キットカット

戦時下の食料品の話が続いたが、ここからは戦時下のお菓子の話を書くこととしよう。日本でもお馴染みのキットカット。サクサクしたウェハースがチョコレートの中に入っている、軽い口当たりのキットカットといえば、赤いロゴとパッケージのイメージだが、このキットカットのパッケージは、第二次世界大戦中は、青色になった。

現在、キットカットを製造・販売する会社は、スイスのヴェヴェーに本社を置く1866年創業の食品・飲料会社ネスレであるが、キットカットを考案したメーカーは、イングランドのヨーク発祥のチョコレート会社ロウントリーであった。

ロウントリー家は、もともとイングランド北部のスカーバラで食品販売業を営む家系であったが、1822年にロウントリー家の一員のジョセフ・ロウントリーが、ヨークの中心部に自身の食料品店をオープンした。19世紀後半に入り、ココアを生産するようになると徐々にロウントリー社は売り上げを伸ばし、事業を拡大していった。

1909年に同社は、箱詰めチョコレートを製造・販売するなど、多数の大型機械を必要とするチョコレートの生産に着手した。第一次世界大戦時には女性の従業員も増やしたロウントリー社は、数千人規模の従業員を抱える大企業に成長し、チョコレートとココアを大量に生産するようになる。

1935年8月、ロウントリー社は「チョコレート・クリスプ」(Chocolate Crisp)という名でキットカットの生産と販売を開始した。サクサクしたウェハースがチョコレートに挟まったキットカットは、パキッと割って食べやすいように溝が作られており、1930年代には溝を挟んで四つのウェハース部分がつながったものが2ペンスで販売されていた。

パキッと割って食べることができる形状のチョコレートは、素早く糖分とカロリーを摂取する必要がある労働者に人気の商品となった。1935年の誕生から2年後の1937年には「キットカット・チョコレート・クリスプ」と呼ばれるようになった。

気軽に食べることができるチョコレートとして人気を博したキットカットであったが、1940年代に入り原材料が不足するようになると、ロウントリー社も含むチョコレート会社は、ココア・チョコレート統制委員会を結成し、食糧省の管理下に置かれることになった。

1941年以降に販売されたキットカットのパッケージは、赤から青に変わっているが、それは自社商品の品質にプライドを持ち、消費者には正直にありたいと願うロウントリー社の信念の表れであった。

戦時中、ロウントリー社は、チョコレートの製造に使うミルクを十分に入手できなかったこともあり、これまでに作っていたキットカット・チョコレート・クリスプと同じ品質のものを製造できなくなってしまった。

戦時中の限られた材料で作った製品は、平和な時代に生産されていた本来のキットカット・チョコレート・クリスプとは異なるものであるということを強調するために、ロウントリー社は「チョコレート・クリスプ」という言葉を商品名から取り去り、「青い」パッケージの「キットカット」の販売を開始した。

戦争が終わり、1949年には原料のミルクの供給が無事に回復するとキットカットのパッケージは元の赤色に戻された。また名前は覚えやすさが重視され、キットカット・チョコレート・クリスプに戻されることなく、シンプルに「キットカット」という名前が採用されることになった。

その後も順調にキットカットの輸出先を広げていったロウントリー社は、1970年にはアメリカのハーシーズと、1973年には日本の不二家《ふじや》と、キットカットというブランドの使用と生産について合意し、日本でもキットカットが生産されるようになっていった。

1988年にロウントリー社がネスレに買収されると、キットカットはネスレが製造・販売するようになった。1913年に開設されたネスレの日本法人は、今でも季節限定商品やご当地商品など、バラエティに富んだキットカットを開発している。

さて、キットカットに限らず、チョコレート一般は、戦地に赴く兵士たちの重要な配給食品であった。ロウントリー社は、兵士の栄養状態の改善のためにビタミンを添加し、かつ戦地での保存に適した溶けにくいチョコレート、「パシフィック&ジャングル・チョコレート」も開発した。

日々の食生活を彩るお菓子であるチョコレート。生産者は、平時に戻り、レシピ通りに原料を使ったチョコレートを再び生産できるようになることを願いつつ、戦時の限られた環境の中で、兵士や一般の人々にチョコレートを届ける努力をしていたのであった。

日独伊親善図画から見る戦中の暮らし

本節の最後では、1938年（昭和13）に日本の菓子メーカーである森永製菓株式会社が、日本、ドイツ、イタリアの子供たちを対象に企画した児童画コンクール「日独伊親善図画」の事例から戦中の暮らしについて考える。

森永は、このコンクールの開催前にも、1932年から1937年にかけて「キャラメル芸術」という子供の作品を対象にした公募展を開催していたが、1938年の「日独伊親善図画」コンクールは、その前年に締結された日独伊防共協定に関する親善事業として企画されたものであった。

1899年（明治32）、「日本に西洋菓子を普及させる」という目標のもと、アメリカ帰りの創業者・森永《もりなが》太一郎《たいちろう》は、森永西洋菓子製造所（１９１２年、森永製菓株式会社に社名変更）を設立した。

１９０５年（明治38）にはお馴染みのエンゼルマークを商標登録し、１９１４年（大正３）に森永の看板商品となるミルクキャラメルを発売した。当時、バラ売りが普通だったキャラメルを、携帯しやすい黄色い紙箱に入れて販売したことで大ヒットした。

その後も森永は、１９１０年代から１９２０年代にかけて初の国産ミルクチョコレートや飲用のミルクココア、マリービスケットなど、今も愛されるロングセラー商品を発売した。

日中戦争が始まり戦時体制に入ってからは、森永のキャラメルは、戦地に赴く兵士が持つ慰問袋に入れるお菓子としても歓迎された。特に慰問袋用に作られた缶入りのミルクキャラメルの中には、高峰秀子《たかみねひでこ》や原節子《はらせつこ》など当時の人気女優のブロマイドが同封され、兵士たちの心を和ませた。

さらに１９３７年（昭和12）、森永は、森永の菓子を50銭以上購入した人に慰問袋を進呈するキャンペーンを実施した。戦時下で人々の経済活動が国のもとで統制されるようになっていく中、このキャンペーンはたちまち評判となり、慰問袋の製造が間に合わないほどであった。

また当初、ビスケットは軍用品としての需要が拡大したが、原料不足に直面した森永は、ビスケットの代わりに「軍用型乾パン」の製造に力を入れるようになった。特に1941年（昭和16）に太平洋戦争が始まると森永は、乾パン、羊羹《ようかん》、マンナ（ビスケット）、ミルクキャラメルなどの軍納製品を主に製造したほか、軍からの依頼で南方や中国東北部に赴く兵士や航空部隊用に特殊栄養食品を生産した。

着実に日本の菓子メーカーとして成長を遂げた森永が、日独伊親善図画コンクールを開催したのは日本とドイツとイタリアが、三国枢軸体制を築く過程にあった1938年のことである。

1936年、日本とドイツは、コミンテルンからの国家防衛のために日独防共協定を締結し、翌年の1937年にはイタリアが加わった。第二次世界大戦開始後の1940年9月、日独伊三国は、軍事協力体制をさらに強化するために日独伊三国同盟を結成しアメリカ、イギリス、ソヴィエト連邦からなる連合国陣営との対戦に備えた。

このような時代背景のもと開催された「日独伊親善図画」コンクールは、日本だけでも約400万点の図画の応募があり、1939年には東京府美術館（現在の東京都美術館）で展示会も開催された。展覧会後、日本の子供たちの図画は、ドイツとイタリアへそれぞれ約14万点が送られた。

またこの頃、銀座三越でのイタリアの子供の作品展や、日独伊親善芸術使節としての宝塚少女歌劇団の欧州公演など日独伊三国の親善を促進するために様々な文化的な試みがなされた。森永のコンクールもその一環であるが、作品の応募総数や大々的な広告から、他の催しや試みに比べてもかなり規模が大きいものであったと考えられる。

ただ本コンクールは、一人で何点もの作品を応募でき、またより多くの受賞者を出した学校には賞が与えられたために、作品の内容や質よりも、入賞する確率を上げるべく数を重視して応募していた可能性も否定できない。

実際の日本人児童の応募作品を見ると、出征兵士を見送る構図の作品はあったものの、当時の政治や軍事を反映したというよりも、風景や学校行事、家庭での一場面を描いた図画が目立った。

応募総数全400万点の作品のうち、現存する図画のテーマに偏りがある可能性もあるが、森永製菓は、軍事色が強い作品よりも日本の暮らしを感じることができる作品をイタリアとドイツとの友好を育むことに役立つものとして選考した。戦時中には国が人々の生活を統制し、物資不足が深刻になるものであるが、戦時中に描かれたこのコンクールの図画は、色鮮やかで細部に至るまで描き込まれている。

森永は、戦時中の時局を読み、日本政府が求めるものに応えながら、製品を開発し、催し物を企画・開催することができた企業なのであった。

また親善図画コンクールも当時の政治的状況を反映して開催された催しであったが、子供たちによる絵画は、驚くほど色鮮やかで、灰色のイメージが強い戦時中の日本国民の生活にこれほどの鮮やかな色があったのかと驚かせてくれる。戦争末期には国民生活は悲惨なものになっていったことが伝えられているが、絵画は、日本には戦争を生き抜いた人々の生活が確かにそこにあったことを気づかせてくれるのである。

第2節　戦後復興、大量生産・大量消費の時代へ

戦後復興と東西冷戦体制の確立

第二次世界大戦が終結した時、多くの国が社会的、経済的、そして政治的に混迷を極め、疲弊していた一方で、国際協調と民主主義を掲げるアメリカ合衆国は、世界を牽引する国として着実に力をつけていた。第二次世界大戦後の時代に焦点を当てる本節では、戦後の世界情勢を簡潔に説明した後に、インスタントコーヒーの本格的な普及とファーストウェーブの到来、そして戦禍から蘇ったカフェについて説明を進める。

アメリカ合衆国は、第一次世界大戦後には国際連盟への加盟を拒んだものの、第二次世界大戦後は、自国の安全保障と経済発展のためにも世界の政治・経済的安定が不可欠という考えのもと、戦後の国際秩序と復興に積極的に取り組んだ。このアメリカに対抗したのが、共産主義圏の拡大を目指すソヴィエト連邦であった。両国は、経済や軍事の面で他の国を巻き込む形で熾烈《しれつ》な争いを繰り広げた。

1947年3月、アメリカ大統領ハリー・トルーマンが、東欧諸国が共産主義勢力に脅かされることを危惧し、ギリシアとトルコへの軍事的・経済的援助の承認を議会に求めた（トルーマン・ドクトリン）。これは事実上、トルーマン大統領が、ソ連を中心とする共産主義勢力が国際社会で影響力を伸張しないように「封じ込め」ることを訴えたものであり、アメリカとソ連による東西冷戦の方向性を定めていくこととなった。

さらに1947年6月には、アメリカの国務長官マーシャルは、アメリカの経済力を使った西欧諸国の復興支援計画としてマーシャル＝プランを発表した。これにより、西欧諸国はアメリカによる経済的秩序の中に足を踏み込んでいくことになったが、アメリカ側の目的は、これらの国を安定させて共産主義勢力に対抗することだった。

しかしながら、北部の都市ではこの支援計画の恩恵を受けられたにもかかわらず、中部・南部の都市は、その復興計画の対象とはならなかったイタリアのように、復興の陰で見捨てられた地域もあった。

さらに戦後、アメリカ、イギリス、フランス、ソ連の四カ国によって分割占領されていたドイツでは、米英仏三国対ソ連というように、三対一で対立するようになった。1948年6月、アメリカ、イギリス、フランス三国がそれぞれの占領区域を統合するべく、新

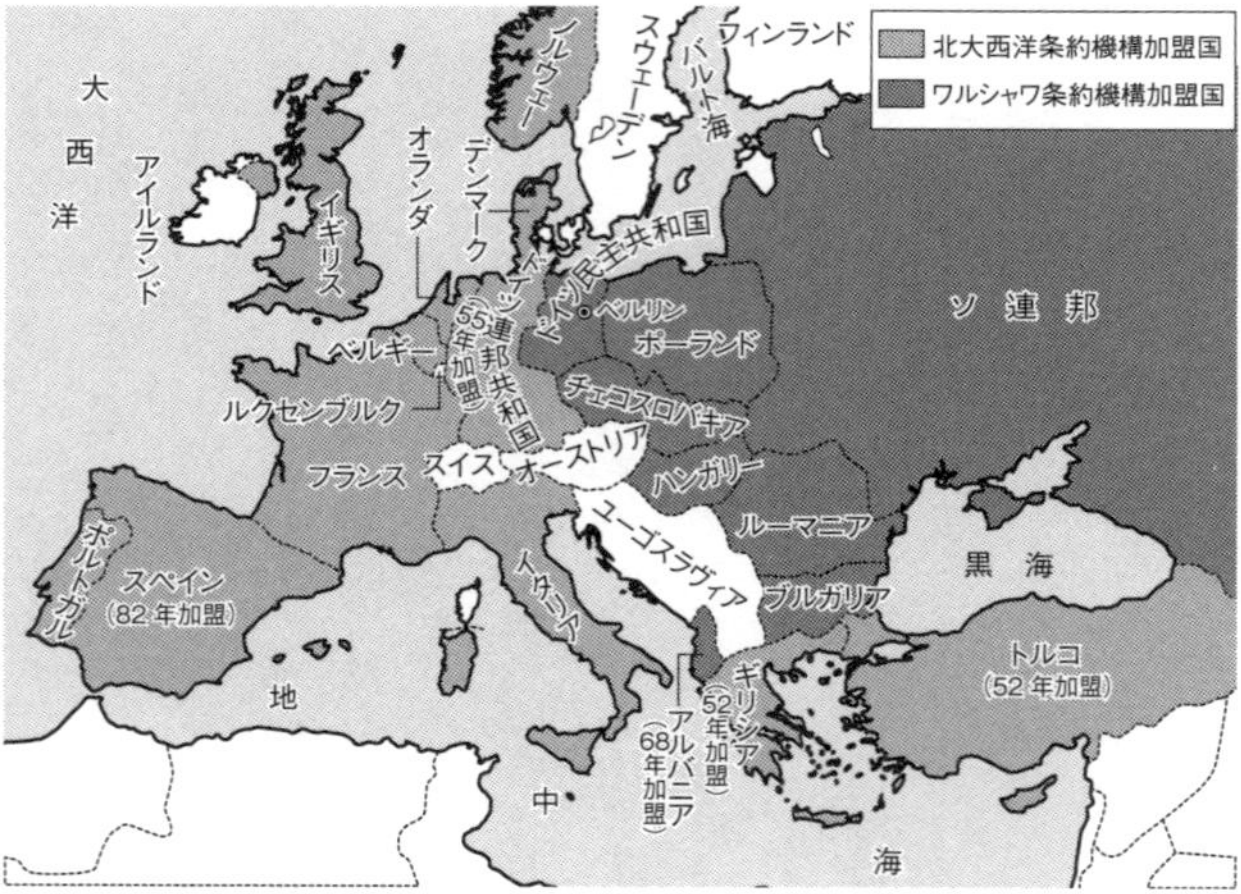

第二次世界大戦後の欧州

出典：「世界の歴史」編集委員会編『新 もういちど読む山川世界史』山川出版社、2017年、270頁をもとに作成

通貨「ドイツマルク」を発行し、通貨改革を行った。ソ連は、この改革に対し、ソ連占領区域内にあったアメリカの飛び地と西ベルリンへの交通網を封鎖した（ベルリン封鎖）。

このように両国の緊張状態が高まる中、アメリカと西欧諸国が手を組み共産主義勢力に対抗するために、1949年4月、北大西洋条約機構（NATO）が成立した。こうして同年、ドイツでは、ソ連の占領地域と英米仏の占領地域が、それぞれ東ドイツと西ドイツとして独立した。

インスタントコーヒーの普及とファーストウェーブの到来

戦後わずか数年間で、新たな国際陣営が築かれていく中、第二次世界大戦中に軍用品として飲まれていたインスタントコーヒーが一般に普及していくことになった。インスタントコーヒーが1920年代のアメリカを中心に普及したことは前章で確認した通りであるが、世界規模でその生産と消費が拡大していくのは第二次世界大戦後のことであった。

インスタントコーヒーとは、粉砕（グラインド）したコーヒー豆を抽出（ドリップ）し、さらに凍結乾燥（フリーズドライ）あるいは噴霧乾燥（スプレードライ）したものである。これらはお湯にさっと溶け、ミルクや砂糖ともよく合う。

アメリカにおけるコーヒーの需要の高まりにもかかわらず、生産国のブラジルでは、大霜害《そうがい》やインフレなどが要因となり、コーヒー豆の生産が激減し、その価格は急騰した。このコーヒー豆の価格高騰に対処すべく、アメリカの人々は、薄いアメリカンコーヒーを淹れたり、コーヒーの代わりに清涼飲料水を嗜好品として飲んだりした。

人々のコーヒー離れを防ぐために、1952年、汎アメリカコーヒー局は「コーヒーブレイク」という習慣を広めようとした。仕事休憩にコーヒーを飲むという習慣は、コーヒーの自動販売機と共にアメリカのオフィスで急速に広まっていく。

ちなみに、アメリカンコーヒーとは異なるが、現在のイタリアでもオフィスや大学には必ずエスプレッソマシーンがある。お店で飲むコーヒーよりもさらに手軽に楽しむことができるものとして、人々の生活に不可欠なものとなっているようである。

一方、敗戦国の日本では、戦後もコーヒーが不足し、アメリカ軍から払い下げられる缶詰のコーヒー粉がかろうじて出回るくらいであった。日本が徐々に復興を遂げていく中、1950年にはコーヒー豆の輸入が再開、1953年に全日本珈琲協会（後に全日本コーヒー協会に改名）が発足、さらに1960年には生豆輸入が自由化された。この頃より、国産のインスタントコーヒーが作られるようになる。

森永は、1959年（昭和34）の創業60周年を前に、日本で初めて国産のインスタントコーヒーを製造することを試みた。同社は、昭和初期から軍需品として種油や野菜スープ、紅茶などを粉末化する研究を社内で行っていたこともあり、アメリカ軍が飲用していた「ソリュブル（溶ける）コーヒー」をモデルにインスタントコーヒーの開発に取り組んだ。こうして翌1960年には初の国産インスタントコーヒーが日本で発売された。

当時の日本の国民一人当たりのコーヒー消費量はアメリカの百分の一以下であったが、手軽に美味しく楽しめるインスタントコーヒーは、高度経済成長時代の到来と共に人々の間で普及していくこととなる。

インスタントコーヒーが普及したことに代表されるように、コーヒーの大量生産・大量消費が進み、浅煎りのコーヒーが一般的となった19世紀末から１９６０年までの時期は、「ファーストウェーブ」と呼ばれている。ただし、この区分については諸説あり、後の時代につけられた名称に過ぎないことに注意されたい。

１９２０年代末の世界恐慌をきっかけに買収合併が進み、大規模化したアメリカの焙煎会社は、燃料代を節約すべく、コーヒー豆を短時間で焙煎する、つまり「浅煎り」をする傾向にあった。深煎りにすると重量が減るコーヒー豆を売る際には、浅煎りの方が利益が大きいという面もある。

とはいえ、アメリカだけでも戦後のコーヒービジネスには様々な展開があった上に、戦後のヨーロッパやアジアの流れも実に多様であったために、決して画一的なムーブメントとしてコーヒーの歴史を語ることができないということも否定できないであろう。

「黒いスープ」のトラウマ

さて前節から戦時中に着目していたために、カフェというよりも嗜好品や喫茶習慣の話が続いた。ここからは戦争によって壊滅的な状況に陥りながらも復活し、今にその姿を伝えているカフェに着目したい。第二次世界大戦後に復興し、発展を遂げた街は、世界にたくさんあるが、ここでは、ハンガリーのブダペストのニューヨーク・カフェと、イタリアのミラノで一番古いコヴァ（COVA）を取り上げたい。

ハンガリーとコーヒーの出会いは、他のヨーロッパの地域に比べると比較的早い段階で実現したが、それはハンガリーにとってはかなり苦い経験となったことを最初に断っておかねばならない。

14世紀末頃よりたびたびハンガリー王国に侵入していたオスマン帝国は、1453年にビザンツ帝国の首都コンスタンティノープルを陥落させ、キリスト教国の脅威となった。16世紀に入るとますますオスマン帝国の勢いは増し、1526年にはハンガリー軍は、スレイマン1世が率いるオスマン・トルコ軍に大敗を喫した（モハーチの戦い）。

さらに1529年には、オスマン・トルコ軍がウィーンを包囲し、神聖ローマ帝国皇帝のカール5世と攻防を繰り返した。1541年、オスマン・トルコ軍が再びハンガリーに侵攻し、その後も長きにわたってオスマン帝国がハンガリーを支配するようになると、コーヒーやパプリカなどの食材や様々な文化が、オスマン帝国からハンガリーに伝わった。

ハンガリーでは「これから黒いスープが出ますよ」という言い回しは、何か不吉なことがこれから起こるかもしれない状態を指す言葉として使われているが、これは１５４１年にオスマン・トルコ軍が、ブダの街を包囲した時に由来する。

この時、オスマン・トルコ軍は、平和裡《り》に話し合うという名目で、自分たちの陣営にハンガリーの司令官たちを招き、豪勢にもてなした。ハンガリー側の人々がそろそろ帰ろうとすると、「これから黒いスープが出ますよ」とコーヒーがこれから出るという申し出のもと、巧みに引き留めた。こうして時間稼ぎをしているうちに、オスマン・トルコ軍らは、ブダ城内に入り、占領したのであった。

瓦礫の中から蘇るカフェ

ハンガリーにとってコーヒーは苦い思い出として語り継がれることになったわけだが、そのハンガリーでもカフェ文化が花開いた。また他のヨーロッパの国と同様に、ハンガリーでも、文学者や芸術家、編集者たちが集い、創作活動や議論を行ったカフェが多数存在したが、中でも１８９４年創業のニューヨーク・カフェは、その豪奢な内装で一線を画している。

大理石の柱に赤やモスグリーンの床、絨毯《じゅうたん》、そして座敷。二つの階に分かれた店内はフレスコ画で装飾され、至る所に精巧な作りの鏡が設置されている。まるで宮殿のようなこのカフェが入っている建物は、ニューヨークにある保険会社のハンガリー支店として使われていたものである。

作家フェレンツ・モルナールは、開店記念パーティーの際にカフェの鍵を盗み、ドナウ川に沈めようとした。それは、この豪華絢爛なカフェの門が決して閉じることなく、人々の拠り所として開放されていて欲しいという気持ちからだった。煌びやかなカフェに心を撃ち抜かれた客は多かったのであろう。

ハンガリーで一番ゴージャスなカフェの「深海」（メーリ・ヴィーズ）と呼ばれた下の階では、パンと薄切りソーセージがたっぷりながらもお手頃な価格の「作家専用」というメニューがあり、切り詰めた生活をしていた芸術家たちのお腹を満たした。下の階では無料の紙とインクがあったために文学者たちは自由に創作活動ができた一方で、上の階には、成功した身なりのよい人々が集った。

ブダペスト（1870年代初頭にブダとペストが合併）が誇るニューヨーク・カフェは、第二次世界大戦中、爆撃により大きく損傷し、修復も困難を極め、スポーツ用品店として使われていた時期もあった。１９５４年にはカフェ・ハンガリアという名前でカフェとして再オープンしたが、１９５６年10月、ハンガリー反ソ暴動が起こると、軍事介入したソ連によって、アメリカの銀行に由来するこのカフェも攻撃された。

このハンガリーでの暴動は、１９５６年2月にソ連共産党第一書記フルシチョフが、１９５３年に亡くなったスターリンの個人崇拝を批判したことに端を発するものであるが、結局、ソ連軍によって鎮圧され、暴動を主導したナジ・イムレは処刑された。

20世紀の間に二度も破壊されたニューヨーク・カフェは、２００６年には完全に修復され、現在では一大観光スポットとなっている。まるで宮殿のようなネオルネサンス様式のこのカフェでは、様々な地域から構成されていたオーストリアの料理をベースとしたお洒落な盛り付けのメニューを楽しむことができる。また、かつては貧乏な芸術家たちが空腹を満たした「深海」がそのまま残されているのもポイントである。

本節でもう一つ紹介したいのは、ミラノで一番古いカフェであるコヴァ（ＣＯＶＡ）である。現在この老舗カフェは、ファッションビジネスとも深く結びついているが、その話は次の章で詳しくすることにしよう。

１８１７年、アントニオ・コヴァは、ミラノのスカラ座のすぐそばにカフェをオープンした。ミラノのスカラ座といえば、ミラノがオーストリアの統治下にあった1776年から1778年にかけて、マリア・テレジアとその息子ヨーゼフ2世の主導のもと作られた劇場である。このハプスブルク家の啓蒙専制君主たちは、ミラノを含むオーストリア統治下の地域に学校や劇場、図書館の文化施設を次々と設立した。

本書でも何度も登場しているナポレオンがヨーロッパで覇権を握っていた時代には、ミラノはフランスの統治下となるが、ナポレオンが失脚し、ウィーン会議（1815）が開催されると、ミラノはロンバルディア＝ヴェネト王国の首都となるも、オーストリア帝国の統治下に置かれることになる。コヴァが誕生した1817年は、まさにミラノがオーストリア統治のもとで新たなスタートを切ろうとしていた時であった。

スカラ座の目の前、つまりスカラ座の「庭のカフェ」(Caffe del Giardino) として創業したコヴァでは、アントニオ・コヴァにより、豪奢な内装が整えられていく。創業当時のコヴァの様子を描いた絵は、今でもコヴァのお店で使用されるデミタスカップとコーヒーカップに印刷されている。そこには、スカラ座の正面向かって右側にコヴァ、その前のマンゾーニ通りを馬車が走り、人々が歩いている様子が描かれている。

19世紀当時のスカラ座は、ミラノの人々の社交の場であり、特にボックス席は、上流階級の人々が現在の賃貸物件のように借り受けていたという。劇場をぐるりと囲む赤いボックス席に座る人々は、また自分たち自身も他の場所から「鑑賞される」存在であり、スカラ座に出かける時には最新のモードに身を包んだ。スカラ座はバレエやオペラを鑑賞するだけの場所ではなく、開場前後や幕間でのボックス席での談笑も重要な社交であった。

またスカラ座の中にもホワイエ（広間）はあったが、スカラ座を一歩出たコヴァでも、音楽家ジュゼッペ・ヴェルディをはじめとする著名な芸術家や教授、作家たちが集まり、話に花を咲かせた。

コヴァには、ジュゼッペ・マッツィーニやベネデット・カイローリ、ティト・スペリなどといった19世紀のイタリア統一運動時代に活躍した政治家・革命家たちも通った。特に１８４８年3月18日から22日にかけて、ロンバルディア＝ヴェネト王国がオーストリア支配に対して起こした武装蜂起「ミラノの五日間」（Cingue giornate di Milano）の際にはその首謀者たちもコヴァに通い、話し合いを重ねた。

何もこんな目立つカフェで、しかもハプスブルク家が建てたスカラ座の前で集まらなくてもいい気もするが、コヴァは、時代の立役者たちをミラノで見つめ続けたのであった。

そんなコヴァは、第二次世界大戦中の１９４３年8月12日から13日にかけて連合軍によって行われた空襲によって崩壊した。工場が集中し、商業が発展していたミラノには、670個の爆弾が落とされ、2000人以上の人が命を落とした。

この頃、連合軍は、枢軸国の力を削ぐためにミラノのみならず、トリノ、ボローニャ、ローマ、ピサ、ナポリなどといったイタリアの主要都市に空襲を行った。

ミラノの大聖堂は、連合軍の判断でかろうじて空襲を逃れたものの、ヴィットーリオ・エマヌエーレ2世のガレリア、ミラノの王宮、アンブロジアーナ絵画館などといった歴史的建造物や文化施設の一部が崩壊したほか、イタリアを代表する新聞社のコリエレ・デッラ・セーラ本社の一部も破壊された。

現在のコヴァにて

ちなみに宮崎駿《みやざきはやお》監督の映画『風立ちぬ』に登場するジャンニ・カプローニ伯爵が1908年に航空機会社として創業したカプローニも、枢軸国の軍用機を製造していたために空爆を受けた。余談であるが、サンタ・マリア・デッレ・グラツィエ教会に隣接し、その壁にレオナ

コヴァ店内

ルド・ダ・ヴィンチ作の『最後の晩餐《ばんさん》』が残されている修道院も空爆の被害を受けたが、『最後の晩餐』自体は奇跡的に瓦礫の中から発見され、無事だった。

コヴァは、終戦後の1950年にモンテナポレオーネ通りに移転オープンし、今にその姿を伝えている。現在のコヴァでも使用されているカップに描かれた「スカラ座の前のカフェ・コヴァ」は今ではもう幻のものとなってしまった。カップに描かれた往時のコヴァを見ると、ミラノを襲った戦禍について、つい考えてしまうのである。

第3節　20世紀後半のコーヒービジネスの展開

冷戦の展開とカウンターカルチャー

20世紀後半におけるコーヒービジネスの世界的展開を扱う本節では、まず1960年代から1980年代にかけての政治・社会を簡潔に説明した後に、コーヒーのセカンドウェーブおよびサードウェーブ、そしてスペシャルティコーヒーについて記述する。そこから、このような時代に生まれたスペシャルティコーヒーとチェーンのカフェなど、全く性格が異なるカフェ文化を取り上げ、カフェの多様性について考える。

第二次世界大戦終結後のヨーロッパ情勢を左右したのは、アメリカとソ連の冷戦であったが、アジアでは、中国の国共内戦（1945〜1949）や朝鮮戦争（1950〜1953）、ベトナム戦争（1946〜1975）などの「熱い」戦争や、中南米でのキューバ危機（1962）など、アメリカとソ連の対立を反映した戦いや衝突が断続的に起こっていた。

冷戦下での戦争の中でもベトナム戦争は、アメリカ合衆国に深い爪痕を残すこととなった。ベトナム戦争が開始した時期については諸説あるが、南北に分断されたベトナムで共産主義の影響が強まることを危惧したアメリカは、1965年に南ベトナム（ベトナム共和国）を支援する形で、北ベトナム（ベトナム民主共和国）を空爆（北爆）。ここに、ベトナム戦争が本格的に始まった。

南ベトナムを中心に展開されたベトナム戦争では、ゲリラと誤認されたベトナムの一般人が虐殺されたり、枯葉剤が散布されたりしたために、アメリカ国内外から批判が続出した。特に、もとより公民権運動（アメリカの黒人の人権を求める運動）の立役者であり、1964年に公民権法を成立させ、ノーベル平和賞を授与されたキング牧師も、ベトナム戦争を続行する政府を批判した。

長期化するベトナム戦争に対し、国民は疲弊し、次々と反政府デモが起こった。1969年に大統領に就任したニクソン（在任1969～1974）は、反戦争運動を暴力的に弾圧したほか、1970年4月末にはカンボジアに侵攻し、インドシナへ戦線を拡大した。長期化する戦争に疲弊するアメリカであったが、1973年1月に成立したパリ和平協定によりアメリカ軍はようやく南ベトナムから撤退した。

その後、1975年に南北ベトナムは統一されたが、結果的にアメリカは、多くの兵士の命と戦費を失った上に、1973年に発生した第一次オイル・ショックにより経済的にも大きな打撃を受けていた。

また1960年代から1970年代にかけて、これまでの道徳的基準に異議を唱えるカウンターカルチャー（対抗文化）が、世界中に広がっていった。特に「民主社会を目指す学生運動」（SDS、1960年代）が主導したベトナム反戦運動の影響力と規模はかなり大きく、過激な反政府デモへと発展した。

また1960年代前半には、イギリスのバンドであるビートルズが、イギリスのみならず、アメリカも含む全世界で人気に火がつき、カウンターカルチャーを象徴するスタイルと看做された。

一方でフランスでも1968年5月、ド＝ゴール政権に反発するパリの学生たちが、カルチエ＝ラタン（現在のパリ5区）に集まり、警官隊と衝突、後に学生を支援する市民や労働者たちもそれに合流した。また、第二次世界大戦後、共産党政権が国を率いていたチェコスロバキア社会主義共和国でも、同じ1968年に、自由化を望む学者や学生が運動を起こしたが（プラハの春）、ソ連により制圧された。

スペシャルティコーヒーの誕生

前節では第二次世界大戦後のインスタントコーヒーの普及に言及したが、インスタントコーヒーのように大量生産・大量消費されるコーヒーとは別に、厳選されたコーヒー豆から作られたスペシャルティコーヒーの認知度と人気が１９７０年代のアメリカを中心に高まっていく。また、スペシャルティコーヒーが誕生するにあたり、コーヒーの生産と流通を世界規模で管理する体制が整えられた。

第二次世界大戦後の世界情勢がなかなか安定しない中、コーヒーの需要は、世界的に拡大し、価格も上昇していった。

それに伴い、中南米やアフリカ大陸では競ってコーヒーが増産されたために、１９５７年以降は、過剰供給でコーヒーの価格は急落してしまった。当初、生産国で問題の解決が試みられたものの、消費国の協力も必要ということで、１９６２年に「国際コーヒー協定」（ICA, International Coffee Agreement）が成立した。

日本も含む多数の国がこの協定に調印し、「国際コーヒー機関」（ICO, International Coffee Organization）が協定の実行機関として各国をまとめた。

各加盟国は、生産国と消費国に分けられ、生産国には輸出量や種類が事前に定められた一方で、消費国にはこの協定の非加盟国からコーヒーを輸入することは禁じられた。アラビカ種はニューヨークへ、ロブスタ種はロンドンへ輸送されることとなった。コーヒーの需要と供給のバランスが調整され、価格も安定していった。

価格が安定したこともあり、コーヒーはますます戦後の人々の日常生活に欠かせない、身近な飲料になっていった。一方で、産地や品質にこだわった「スペシャルティコーヒー」というジャンルが確立した。

「スペシャルティコーヒー」という言葉は、1974年、コーヒー鑑定士エルナ・クヌッセンが、20世紀初頭より刊行されているコーヒーの専門誌『ティー&コーヒー・トレードジャーナル』(Tea & Coffee Trade Journal)で使ったことをきっかけに、徐々に広まっていった。

その前にも1960年代のアメリカにおいて、厳選されたコーヒー豆とその豆から作られたコーヒーを提供する店「ピーツ・コーヒー&ティー」をカリフォルニア州バークレーで営業していたオランダ系移民アルフレッド・ピートがおり、スペシャルティコーヒーの先駆けと看做せる。ちなみにこのピーツは、1971年に創業することになるスターバックスのモデルにもなったとされている。

カフェ・トリエステ
写真：AP/アフロ

しかしながら、エルナ・クヌッセンは「特別な地理的条件から生まれる、特別な風味のコーヒー」を指して「スペシャルティコーヒー」というカテゴリーを作ったという点で画期的であった。

ちなみにピーツ・コーヒー&ティーと同じカリフォルニア州のノースビーチには、創業は1956年、アメリカ西海岸で初のイタリア式のエスプレッソを出すカフェでもあるカフェ・トリエステ（Caffe Trieste）がある。

創業者のジャンニ・ジョッタは、ロヴィニ（現クロアチア、第二次世界大戦前はイタリアの一部）で生まれ育ち、モンファルコーネ（イタリアのフリウリ＝ヴェネツィア・

ジュリア州）での生活を経てアメリカに移住。ジャンニは、かつてイタリアを支配していたオーストリア＝ハプスブルク帝国とイタリア自身の文化がミックスしていた故郷のコーヒー文化を懐かしみ、アメリカでイタリア式のコーヒーショップを開くことにした。

1950年代当時、インスタントコーヒーが広まっていたアメリカにおいて、ジャンニは、コーヒー豆を仕入れて焙煎し、イタリア式のコーヒーを販売した。ヨーロッパからの移民たちは、故郷の味を求めて喜んでカフェ・トリエステに通ったほか、文学者やアーティストたちも店に通い、特にビート運動の作家たちの拠点となった。

映画『ゴッドファーザー』のフランシス・フォード・コッポラ監督がこのカフェ・トリエステで同作の脚本を執筆したことは有名な話である。

「セカンドウェーブ」とスターバックスの到来

大量生産と大量消費を想定したお手頃かつ身近なコーヒーと、生産地や品質にこだわったスペシャリティコーヒー。20世紀後半のコーヒー市場は二極化しながらも、その需要は着実に高まっていった。人々の間でコーヒーを飲む習慣が広まっていく中、チェーンのコーヒーショップとして飛ぶ鳥を落とす勢いで世界規模で拡大していった企業があった。そ

シアトルのスターバックス
写真：imagebroker/アフロ

れは、緑のセイレーン（人魚）のマークでお馴染みのスターバックスである。

1971年、スターバックスは、自家焙煎豆の小売店として、ジェリー・ボールドウィン、ゴードン・バウカー、ゼヴ・シーグルによってシアトルにてオープンした。1982年、現在のスターバックスCEOのハワード・シュルツがスターバックスに入社し、この年からシアトルのレストランなどにコーヒーを提供するようになった。

1983年、イタリアに出張し、ミラノのバールでエスプレッソを飲んだシュルツは、街の至る所にエスプレッソを飲むバールが点在し、人々はそこで一日に何杯もエスプレッソを飲むという、いわゆるイタリアのバール文化に感銘を受けた。翌1984年、シュルツは、ボールドウィンたちを説得し、エスプレッソが主体のバールをスターバックスの店舗の一つに併設すると、このバールは瞬く間に人気となった。

ところが、このバールを主体として事業を展開すべきだというシュルツとあくまでも自家焙煎店として事業を続けることを考えるボールドウィンは、意見の違いで対立した。そのためにシュルツは、スターバックスから独立して、1986年にエスプレッソの専門店であるイル・ジョルナーレを創業した。

その後、ボールドウィンは、先述のアルフレッド・ピートの店ピーツ・コーヒー&ティーを買収したものの、資金繰りがうまく行かず赤字を生んでしまった。この打開策として、ボールドウィンは、ピーツ・コーヒー&ティーとスターバックス、どちらかを売却せざるを得ない状態になり、結果的にシュルツがスターバックスをボールドウィンから買い取り、今に至っているのである。

シュルツがスターバックスのトップに就任して以来、アメリカ国内のみならず、カナダなどの国外でも次々と店舗を拡大していった。1996年には、東京・銀座にスターバックス日本一号店をオープン。ヨーロッパやアジアなど他の国にも次々と店舗を増やしていった。

1980年代から現在に至るまでとどまるところを知らない成長を続けるスターバックス。もともとスターバックスは、コーヒー豆の品質や原産国にこだわるスペシャルティコーヒーの流れに続く事業として始められたものであったこともあり、スターバックスの事業拡大に伴い、人々の間にスペシャリティコーヒーの概念が普及した。

また1980年代にシュルツは、イタリアのバール文化に感動してスターバックスの方向性を決めたとされているが、現在のスターバックスは、イタリアのエスプレッソバー（バール）とは随分異なるものに分化した印象を受ける。

というのも実際にアメリカでシュルツがスターバックスの事業を展開していく中で、アメリカで人気を獲得したのは、イタリア式のエスプレッソではなく、エスプレッソにスチームミルクをたっぷり加えたカフェラテであった。

このカフェラテは、「シアトル系」のコーヒーとしてアメリカで広まっていくことになる。2010年代に入り、逆にスターバックスは、イタリアに出店するのだが、その話については次の章で詳しく触れることにしよう。

コーヒーのファーストウェーブが、大量生産・大量消費を前提とした浅煎りのコーヒーの普及を指すのに対し、セカンドウェーブは、このスターバックスに代表されるように、

1960年代以降に深煎りのシアトル系のカフェが人気となったことを指すとされている。ただこの区分は、国や地域によって多少異なるように少し時代に幅を持たせたざっくりしたものであると考えてもよさそうである。

「サードウェーブ」とカフェチェーンの奮闘

ファースト、セカンド、ときて次はサードウェーブであるが、これはだいぶその区分や定義が人や文脈によってバラバラな印象を受ける。

このサードウェーブという言葉を2003年に最初に使ったのは、「レッキンボール」でコーヒーを焙煎するトリシュ・ロスギブであった。トリシュによると、サードウェーブとは、スターバックスのような画一化されたコーヒーとは異なるカフェ、コーヒー豆の産地や流通、焙煎方法、そしてカップに提供されるまでの全てのプロセスにこだわったコーヒーであるとのこと。

サードウェーブにおける原料や品質に対するこだわりは、スペシャルティコーヒーやスターバックスに代表されるセカンドウェーブのポリシーと大差ないように思われる。しかしながらサードウェーブで重視されるのは、大きく成長し過ぎたスターバックスとは反対

ブルーボトルコーヒー清澄白河フラッグシップカフェ
写真：AP/アフロ

の存在であること、ブレンドをしていない単一の豆を使用するシングルオリジンであること、じっくり時間をかけて一杯のコーヒーを味わうという経験を楽しむことなどである。

日本では、2015年にブルーボトルコーヒー（2002年アメリカ・カリフォルニアで創業）が上陸したことから、サードウェーブという言葉が普及したが、逆に2010年代以降、日本のカフェが海外からの注目を集めていったという傾向がある。

サードウェーブという言葉が誕生してからすでに20年以上が経っていながらも、その定義がなかなか難しい。ただ、日本に限らず、世界各国では、スペシャルティコーヒーやサードウェーブを謳うこだわりのカフェと、便利なチェーン店とが、どちらも一定の需要があり、客を集めているということは否定できない。

例えば、日本では1992年にアメリカで創業したタリーズコーヒーや1971年にイギリスで創業したコスタコーヒー（2020年日本初出店）など、スターバックスほどではないが、海外発のチェーン店が支持を得ている。その他にも日本発祥のドトールコーヒーやコメダ珈琲店なども日本各地で目にするチェーンのカフェである。

これらのチェーン店は、画一化されたコーヒー文化に対する反発というサードウェーブの方針とは正反対のものである。しかしながら、全国どこでも同じメニュー（地方限定メニューがある場合もあり）、同じ値段、同じような空間、安定の接客など、人々がカフェに立ち寄るに十分な魅力を持っているのである。

CHAPTER 6

第6章 グローバルとローカル、カフェはいつもそこに

第1節　ファッションとカフェ

ファッションビジネスとカフェ

近年、ファッションブランドがプロデュースしたカフェが日本でもたびたび話題になっている。

例えば、東京では、エンポリオ アルマーニ カフェ（表参道と心斎橋）、ラルフ ローレンが手がけるラルフズ コーヒー（表参道）、メゾンキツネによるカフェキツネ（表参道）、ダンヒル銀座店に併設するダンヒル バー（銀座）、ブルガリ銀座タワーの屋上にあるラウンジ（大阪にもラウンジあり）、シャネル銀座ビルディングにあるベージュ アラン・デュカス 東京、阪急うめだの中にあるマルニ フラワー カフェ（梅田）などなど。

外資のハイブランドがプロデュースする、日本におけるカフェやレストランは、表参道と銀座、そして大阪・梅田に集中している印象を受ける。

またルームウェアブランドのジェラートピケによるカフェや、ジャーナルスタンダードなどを展開するベイクルーズが手がけたJ.S. BURGERS CAFEなどは、日本のアパレル企業が手がけたカフェとなっている。

本節では、ファッションビジネスとカフェの関係に焦点を当て、なぜファッションブランドは飲食店を手がけるのか、それを展開することでどのような効果があるのかについて主にイタリアとフランスの例を中心に書いていきたい。

ファッション×美術館×カフェ

第3章では、世界初の美術館・博物館併設のカフェとしてロンドンのV&A内のカフェを取り上げたが、近年主に注目が集まっているのは、イタリアとフランス発のファッションブランドが運営する美術館併設カフェだ。この一文だけで「ファッション」、「美術館」、そして「カフェ」と三つの要素が一気に出てきたが、これらがどのように関連してビジネスとして展開しているか、説明を進めることにしよう。

まずファッションの美術館といえば、京都服飾文化研究財団（ＫＣＩ）や神戸ファッション美術館、フランス・パリのガリエラ宮やパリ装飾芸術美術館、イタリアのミラノにあるパラッツォ・モランド（Palazzo Morando）、ローマのボンコンパーニ・ルドヴィージ装飾美術館、プラートにある繊維博物館（Museo del Tessuto）やフィレンツェのピッティ宮殿にある衣装博物館（Galleria del Costume）、そしてアメリカのファッション工科大学（FIT）併設の美術館などが挙げられる。

これらの美術館はいずれも規模が大きく、また定期的に開催される特別展も意欲的なテーマで開催されている。

ところが本節で扱う「ファッション×美術館」とは、このようなファッションの美術館とはまた少し性格が異なるものである。ここでクローズアップしたいのは、ファッションブランド自体が運営している美術館のことである。

例えば、フランス・パリのラ ギャラリー ディオール（La Galerie Dior）、イヴ・サンローラン美術館、アズディン・アライア ギャラリー（Fondation Azzedine Alaïa）、シャネルが手がけるアトリエ Le 19M（ル・ディズヌフ・エム）、アニエス・ベーの美術館 La Fab.（ラ・ファブ）、カルティエ財団現代美術館、そしてフォンダシオン ルイ・ヴィトンなどなど。

イタリアでは、ミラノのジョルジョ・アルマーニによる Armani/Silos（アルマーニ シーロス）、プラダ財団美術館、元ヴォーグの編集長のカルラ・ソッツァーニが手がける 10 Corso Como（ディエチ コルソコモ）、フィレンツェのサルヴァトーレ・フェラガモ美術

美術館	運営	国・都市
アズディン・アライア ギャラリー	アズディン・アライア財団	フランス・パリ
アルマーニ シーロス	アルマーニ	イタリア・ミラノ
イヴ・サンローラン美術館	イヴ・サンローラン	フランス・パリ
イヴ・サンローラン マラケシュ美術館	イヴ・サンローラン	モロッコ・マラケシュ
イタリア文明館	フェンディ	イタリア・ローマ
エミリオ・プッチ・ヘリテージ・ハブ	エミリオ・プッチ	イタリア・フィレンツェ
カルティィエ財団現代美術館	カルティィエ財団	フランス・パリ
グッチ ガーデン	グッチ	イタリア・フィレンツェ
クリスチャン・ディオール美術館	ディオール	フランス・グランヴィル
クリストバル・バレンシアガ博物館	バレンシアガ	スペイン・バスク
コレツィオーネ・マラモッティ	マックス・マーラ	イタリア・エミリア・ロマーニャ
サルヴァトーレ・フェラガモ美術館	フェラガモ	イタリア・フィレンツェ
ディエチ コルソコモ	ソッツァーニ財団	イタリア・ミラノ
ドムス	ブルガリ	イタリア・ローマ
フォルチュニ美術館	フォルチュニ	イタリア・ヴェネツィア
フォンダシオン ルイ・ヴィトン	ルイ・ヴィトン	フランス・パリ
プラダ財団美術館	プラダ	イタリア・ミラノ
ミュゼオ・リチャード・ジノリ・デッラ・マニファァットゥーラ・ディ・ドッチャ	ジノリ1735	イタリア・フィレンツェ
メゾン・ショーメ	ショーメ	フランス・パリ
ラ ギャラリー ディオール	ディオール	フランス・パリ
ラ・ファブ	アニエス・ベー	フランス・パリ
ル・ディズヌフ・エム	シャネル	フランス・パリ

主な「ファッションの美術館」

館やグッチ ガーデン（前グッチミュゼオ）、エミリア・ロマーニャにあるマックス・マーラの美術館コレッツィオーネ・マラモッティ、ヴェネツィアのフォルチュニ美術館。

スペインでは、バスク地方の漁村ゲタリアにあるクリストバル・バレンシアガ博物館。

またローマ発祥のブランドであるフェンディは、2014年にその本社を、ローマのエウル地区にあるイタリア文明館（Palazzo della Civilità Italiana）に移し、自社の建物内で定期的に展示を行っている。その他にもフェンディは、ローマのボルゲーゼ美術館とパートナーシップを結び展示を支援したり、トレビの泉やウェヌスとローマ神殿（Templum Veneris et Romae）の修復に投資したりするなど社会貢献にも力を入れている。

ちなみにこのイタリア文明館は、ローマ万国博覧会の開催に向けて、ムッソリーニ主導のもと、1938年から1942年にかけて建築家ジョヴァンニ・グエッリーニ、エルネスト・ラ・ラパドゥーラ、マリオ・ロマーニらによって建てられた。1942年に開催予定だったローマ万博は、第二次世界大戦の勃発により結局開催されなかったものの、四角いコロッセオと呼ばれるファシズム建築である。

列挙すると、独自の美術館やギャラリーを持つのは、パリを拠点とするブランドが圧倒的に多いことが分かる。これらの美術館は、全て「ファッションの美術館」と言うこともできるが、ある明確な基準で二つに分類することができる。その基準は、自社のファッションのアーカイブを展示する美術館か、あるいは自社の財団が所有するアートコレクションを展示する美術館かという基準である。

後者の美術館に行くと「ファッションの展示を見にきたはずなのに、なぜドレスや宝石が一つも飾られていなくて現代アートの展示しかないの？」という感想を抱くことになってしまう。

ファッションのアーカイブを展示する美術館

前者の要素が強い美術館として挙げられるミラノのアルマーニ シーロスは、自社のアーカイブを元にする常設展がある一方で、アルマーニゆかりの写真家や建築家の作品を扱った特別展が行われている。また展示を鑑賞した人のみアクセスできるカフェも美術館内にある。

ちなみにアルマーニは、２００２年より、アルマーニ・ドルチ（Armani/Dolci）という菓子部門も立ち上げており、チョコレート、お茶、クッキー、ジャムなどを販売している。

グイド・ゴビーノのミラノ店

これらの菓子は、イタリアのミラノ本店のほか、パリ、カンヌ、ミュンヘン、ニューヨーク、ドバイ、クウェート、そして東京など一部の店舗で提供されている。２０１９年からは、１９６４年創業のトリノ発チョコレート専門店グイド・ゴビーノと手を組み、ピエモンテ産のヘーゼルナッツなど、上質な材料を使った菓子を世界に発信している。

ラ ギャラリー ディオールは、自社のアーカイブ（古いものは複製品）をベースにした展示でありながらも、部分的にテーマや構成を変えて展示を行っている。こちらも美術館に来館した人のみが入れるのだが、併設カフェでは美しい盛り付けの料理や凝ったデザートが提供されている。

さらにパリのアズディン・アライア ギャラリーが所有する19世紀から20世紀にかけてのオートクチュールのアーカイブは、ガリエラ宮とパリ装飾芸術美術館に次いでフランスで3番目の質と量のものであるともされている。このアーカイブをもとにした特別展が開催されているほか、併設のカフェとブックショップは、チケットがなくても気軽に立ち寄ることができる。

所有するアートコレクションを展示する美術館

一方で後者の要素が強い美術館としては、プラダ財団美術館やディエチ コルソコモ、コレッツィオーネ・マラモッティ、シャネルによるアトリエ Le 19M、アニエス・ベーの美術館 La Fab.、カルティエ財団現代美術館、そしてフォンダシオン ルイ・ヴィトンなどを挙げることができる。これらの美術館では、財団が所有する作品が常設展として公開されているほか、現代アートの作家をメインに特別展が定期的に企画されている。

ミラノのプラダ財団美術館は、オランダ人建築家レム・コールハースの事務所OMAの設計により、1910年代に蒸留所として使われていた建物を増改築して作られた。2015年のミラノ万博の年にオープンしたこの美術館には、プラダの3代目オーナー兼デザイナーであるミウッチャ・プラダがイタリア美術を専門とする研究者ジェルマーノ・チェラントと対話した上で構成した常設展がある。

もともとプラダ財団は、1960年代から世界を代表するアーティストたちの作品をコ

マルケージ（ガレリア店）

レクションするようになり、美術館の常設展にはカールステン・ホーラー、ダミアン・ハースト、ジェフ・クーンズ、ルイーズ・ブルジョワといった現代アートを代表する作家たちの作品が展示されている。

ミウッチャ・プラダは、アーティストたちのみならず、映画監督のウェス・アンダーソンとも手を組み、美術館内に１９５０年代のイタリアをイメージしたカフェであるバール・ルーチェをオープンした。このウェス・アンダーソンがデザインしたカフェは、まるで彼の映画の世界観そのもの。

フードを提供するのは、２０１４年よりプラダ・グループの傘下に入ったミラノで２番目に古いカフェ、マルケージ（１８２４年創業）であり、ウェス・アンダーソンの映画『グランド・ブダペスト・ホテル』に登場する菓子店メンデルをイメージしたかのような菓子がショーケースに並ぶ。

その他、パニーニには、１９１１年創業の老舗サルメリア（食料品店）であるレヴォーニ（Levoni）の商品を使うなど、バール・ルーチェはただの美術館併設カフェではない、イタリアのとっておきの食品を味わうことができるカフェなのである。

ここではプラダ財団美術館をフォーカスしたが、アートコレクションを展示する美術館を運営するファッションブランドは、単にファッションビジネスを展開するだけではなく、そこで得られた利益を芸術や文化の振興や若手の育成に還元する、つまりメセナを積極的に行っている企業でもあるのだ。

日本での展開

ここまでヨーロッパのファッションブランドと美術館について記述したが、日本にもファッションブランドが手がけるギャラリーが充実している。

例えば、ファッションブランドとは少し異なるが、1872年創業の化粧品企業の資生堂は、1919年に資生堂ギャラリーを開いた。資生堂の創業者・福原有信《ふくはらありのぶ》によって開設された資生堂ギャラリーでは、「新しい美の発見と創造」という方針のもと、意欲的に日本美術の展覧会を開催するほか、1990年代からは現代美術を中心に展示が行われている。

東京銀座資生堂ビル

また資生堂ギャラリーが入る東京銀座資生堂ビルの中には、資生堂が手がけるカフェやレストラン、バーも入っている。

第五回パリ万博（1900年）の視察のために諸外国をまわった創業者の福原氏により、1902年より資生堂ではソーダ水やアイスクリームが提供されていたが、本格的な西洋料理を提供する場として資生堂パーラーがオープンしたのは、関東大震災（1923年）後の1928年のことである。この頃から洗練された広告や内装が魅力的であった資生堂パーラーは、森鷗外と森茉莉《もりまり》の親子や太宰治、池波正太郎《いけなみしょうたろう》といった文豪たちに愛されてきた。

資生堂パーラーでは、花椿ビスケットやブランデーケーキなどが気軽にテイクアウトでき、あるいはプレゼントとしても使える。

また、パリのファッションブランドが、日本独自のアートの拠点を作っていることにも注目すべきであろう。例えば、2004年のシャネル銀座ビルディングのオープンと共に活動をスタートしたシャネル・ネクサス・ホールは、芸術を支援したガブリエル・シャネルの意志を継ぎ、コンサートや展示会の場を提供するなど、若手アーティストへの支援を熱心に行っている。

また建築家青木淳《あおきじゅん》がデザインしたルイ・ヴィトン表参道ビルの7階に位置するエスパスルイ・ヴィトン東京は、2011年の誕生以降、パリ本国のフォンダシオン　ルイ・ヴィトンの所蔵コレクションから貸し出される形で現代アートの展示会を開催している。

さらにイタリア人建築家レンゾ・ピアノが手がけた銀座メゾンエルメスの中には、アートギャラリーの「フォーラム」があり、芸術や技術の伝承、環境や教育問題に取り組むエルメス財団（2008年発足）の活動の一環として運営されている。

この他にもグッチやアニエスベーなど、本社はそれぞれイタリアやフランスにありながらも、日本にアートの拠点を作る企業があることから、中国や韓国と並んで、日本のアート市場やそれを受容する層に一定の期待があることが考えられる。

ドルチェ&ガッバーナの食品事業

「ファッション×美術館×カフェ」の話は尽きないが、先述したプラダ財団のように食品や飲食事業に乗り出し見事な成功を収めているケースをあと二つ紹介していくことにしよう。

まず一つ目に挙げられるのは、イタリアのブランド、ドルチェ&ガッバーナ（以下、ドルガバ）が、力を入れている食品部門である。

煌びやかなイタリアのファッションのイメージが強いドルガバは、プレタポルテ（既製服）の服飾品部門、化粧品部門、インテリア部門、オートクチュール（仕立服）であるアルタ・モーダ部門の他に、食品・飲料部門も展開している。といっても、ドルガバが一から食品や飲料を生産しているのではない。

トリノのチョコレート店と手を組んだアルマーニや、ミラノの菓子店を傘下に入れたプラダ・グループのように、ドルガバもイタリア各地の食品会社と協働しているのである。例えば、シチリアのワイナリーのドンナフガータ、シチリアの菓子店フィアスコナーロ、前章でも取り上げたナポリの老舗パスタメーカー、パスティフィチオ・ディ・マルティーノなど。

ドルガバの戦略の特徴としては、南イタリアで作られる食品にフォーカスすること、また南イタリアの伝統工芸のマヨルカ焼きやカレットを模した華やかなパッケージを採用することである。もとよりドルガバは、ミラノ出身のステファノ・ガッバーナとシチリア出身のドメニコ・ドルチェによって１９８２年に立ち上げられたブランドであり、その作品もミラノとシチリアの伝統や要素を使ってデザインされている。

最近では、１９１９年創業のイタリアのコーヒーメーカーであるビアレッティともコラボレーションし、カラフルなシチリアのカレットや地中海の青をイメージしてデザインされたエスプレッソマシーンやエスプレッソの粉は、瞬く間に人気商品となった。

ＬＶＭＨの食品事業

もう一つ挙げられるのは、前章でも紹介した１８１７年創業のミラノで一番古い菓子店コヴァを２０１３年に傘下に置いたＬＶＭＨである。モエ・ヘネシーとルイ・ヴィトンの合併により１９８７年に誕生したＬＶＭＨは、２０２４年現在、75もの企業を傘下に置くフランス・パリを拠点とした多国籍コングロマリットである。

その傘下にある企業は、ルイ・ヴィトンをはじめとして、ディオール、ジバンシィ、ケンゾー、ロエベ、セリーヌ、フェンディなどのコレクションブランドのほか、時計やジュエリーブランド、ワインやスピリッツ会社、そして菓子店のコヴァなどと業種も拠点も多岐にわたる。

ＬＶＭＨは単にビジネスを行うだけではなく、２００６年にベルナール・アルノーによって立ち上げられたフォンダシオン ルイ・ヴィトン（先述の美術館の公開は２０１４年）は、芸術や文化の振興と社会貢献活動を担う部門として積極的に活動を行っている。フォンダシオン ルイ・ヴィトンに加え、２０２２年にはルイ・ヴィトンのメゾンの歴史を辿ることができる作品を展示するスペースＬＶ ＤＲＥＡＭがパリにオープンした。そこには、ギフトショップや、ルイ・ヴィトンのロゴが至る所にあしらわれたフードやデザートを楽しむことができるカフェ「マキシム・フレデリック・アット・ルイ・ヴィトン」が併設されている。また２０１３年には若手デザイナーの支援を目的としたＬＶＭＨプライズを創設し、人材育成に力を入れている。

そんなＬＶＭＨは、第二次世界大戦以降、ミラノのコレクションブランドのショップが立ち並ぶモンテナポレオーネ通りに店を構えるコヴァと手を組んだ。２０２４年時点のミラノ本店は、カウンターは近くのショップで働く人や地元の人が利用、テーブル席はリッチな観光客が利用というように席によって棲み分けができており、昔ながらのお店の雰囲気もカウンターには残されている。

その一方で、ＬＶＭＨが世界各国に展開したコヴァの支店は、かなり高級志向だと言える。例えば、ルイ・ヴィトン本社ビルの一つとポンヌフ通りを挟んで向かい合う建物の一階に入っているコヴァ・パリ店は、ミラノ本店のメニューをベースとしながらも、価格設定も高めである。

ちなみにこのポンヌフ通り沿いのルイ・ヴィトンオフィスの中には、カフェや展示スペースを運営するＬＶ ＤＲＥＡＭというルイ・ヴィトンの文化複合施設が２０２２年にオープンしている。

他にコヴァが展開している全35店舗（２０２４年現在）の地域を見ると、モナコ、イスタンブール、クウェート、リヤド、カタールのほか、中国やマカオ、香港が挙げられる。特に中国の上海（9店舗）と香港（12店舗）は、中には規模が小さい店舗もある印象を受けるが、他の国や都市に比べて出店数が飛び抜けて多い。

一方で日本の東京では、２０１９年に銀座と渋谷にコヴァのカフェがオープンしたものの、新型コロナウイルスの流行もあったせいか、２０２１年には閉店し、コヴァは日本からは完全撤退してしまった。

そんなコヴァの値段設定であるが、例えばパリ店ではエスプレッソが5ユーロ（２０２４年11月のレートで８０６円）、ドーハ店ではエスプレッソが25カタールリアル（１０６２

円）、また上海店ではティラミスが95元（2030円、中国版のメニューにエスプレッソ単品を発見することができず）などといったように全世界を通じてかなり高級志向であることが分かるであろう。

ちなみにミラノ本店では、エスプレッソは立ち飲みで1・6ユーロ（257円）、テーブル席ではパリ店と同じくエスプレッソは5ユーロ、クロワッサン3ユーロ（483円）、ミニクロワッサン1・5ユーロ（241円）、ティラミス13ユーロ（2095円）と値段にばらつきがあるが、高いメニューはイタリア国外の支店と同じくらいの価格帯である。

つまり何が言いたいかというと、コヴァは、一度のカフェタイムに飲み物とお菓子で3000円以上をサクッと払える地域でしか展開することができないということである。

日本ではもう少し価格を抑えても質のよいカフェタイムを過ごせるお店が他にあるからか、このイタリア式のハイソなカフェが受け入れられなかったのだろうか。また先にも書いた通り新型コロナウイルスの流行直前の日本進出という最悪のタイミングとなってしまったためもあるだろう。様々な要因が重なり、残念ながらコヴァは中国や香港とは違い、日本では定着しなかった。

餅は餅屋

本節では、ファッションと美術館、そしてカフェにフォーカスして筆を進めた。ここで言及したファッションの企業は、単に服を売るだけではなく、社会貢献や人材育成、文化振興に力を入れているところも多いことが分かったのではないであろうか。

特にファッションビジネスが国の基幹産業であるイタリアやフランスでは、ファッションブランドの事業によって培われた世界的な知名度やセンスをもとにしながらも、「餅は餅屋」ということで食品部門については、自国の食品メーカーや企業と手を組む傾向にある。

衣と食、この二つの事業が手を組み、さらなる成長を目指そうとするおかげで、消費者は、お洒落なだけではなく美味しい食品やカフェを楽しむことができるのである（もっともファッションブランドはインテリア部門も展開しているところが多いので、衣食住の「住」もそれに紐づけることができる）。

最後にこのような世界の中でも注目を集める日本企業に言及して本節を締め括ることにしよう。

それは、ラグジュアリーブランドではないが、私たちの生活に馴染みのあるユニクロである。ユニクロを運営するファーストリテイリングは、アメリカとイギリスの大学に進学する学生に向けた給付型奨学金事業を展開する柳井正《やないただし》財団や、衣類のリユース、災害支援、世界各国の美術館とパートナーシップを結んだ文化芸術支援、バングラデシュなどのアジアの国に向けた教育や食料の支援など幅広く社会貢献や環境保全活動を行っている。

カフェから話は外れてしまったが、日本の企業のこのような取り組みを知れば、大企業の社会支援活動もより身近に、かつ現実的なものとして捉えることができるのではないであろうか。

第2節　スターバックスがある国、ない国

スターバックスがあるところ

今や世界中どこの都市に行っても、当たり前のように見つけることができる、アメリカ発の大手コーヒーチェーン、スターバックス。全世界の店舗数は、２０２４年現在４万１９９にものぼり、スターバックスの公式サイトによると世界80カ国以上に店舗があるとのこと。このうちアメリカの店舗数は１万６９４１、中国の店舗数は７５９６であり、この二カ国の店舗数だけで世界の店舗数の61パーセントを占めている。

特に中国では、旧正月や中秋節などといった中国の暦の上での行事に合わせたメニューや、各地のご当地グッズなどを展開するなど、スターバックスは中国市場に向けた独自の戦略を練っている。

お茶文化が根付いているイメージが強い中国であるが、２０２０年代以降の中国では、コーヒーの需要が急増しており、２０１７年創業の中国のコーヒーチェーン店である瑞幸

珈琲（ラッキンコーヒー）の店舗数は、1万3296とスターバックスに迫る勢いで急成長している。ラッキンコーヒーの発展の要因はいくつか考えられるが、低価格であることやデリバリーやテイクアウトに特化したサービスを行っていることなどが挙げられるであろう。

近年、上海は世界で一番カフェが多い都市としても知られるようになってきたが、このようなアジアの激戦区においてスターバックスが生き残るためには他店との差異化が必要となってくるのであろう。

さらにアメリカの調査機関World Population Reviewのデータによると、アメリカと中国に次ぐ国々の店舗数は、韓国1870、日本1733、カナダ1458、イギリス1266、トルコ676、インドネシア581、台湾563、タイ474、フィリピン447と、アジアに多い。

イギリスやカナダの他にスターバックスが進出している国を挙げると、ヨーロッパではオランダ、ベルギー、スウェーデン、デンマーク、ノルウェー、フィンランド、アイルランド、ポルトガル、スペイン、スイス、イタリア、ドイツ、フランス、オーストリア、チェコ、ハンガリー、ルーマニアなど。アメリカ大陸では、コスタリカ、メキシコ、チリ、ブラジルなど。

日本と韓国の総人口を考えるならば、韓国は日本の半分以下の人口でありながらも、スターバックスの店舗は日本よりも多いことから韓国におけるスタバ人気を窺い知ることができるであろう。

さて、ここまでに挙げた国の中で、スターバックスの進出に断固反対していた国がある。

それは、イタリアである。ヨーロッパの街を歩いたことがある方ならば分かるかもしれないが、ロンドンもパリもウィーンも観光客が集まる大都市の中心部を小一時間も歩けば、1、2店舗くらいはスターバックスを普通に目にするものである。ところが2024年現在でもイタリアではスターバックスの店舗が極端に少なく、スターバックスがイタリアに初出店したのも、他国に比べるとだいぶ遅い2018年のことである。

スターバックスの創業者ハワード・シュルツが、1980年代にイタリアのミラノのバールで飲んだエスプレッソに感動し、それにたっぷりのミルクを入れたラテをシアトル系コーヒーとして売り出し大成功を収めたことは前章で確認した通りだが、皮肉にも創業者が感銘を受けた国ではスターバックスの上陸を拒否されていたのである。

イタリアのスターバックス第一号店
写真：ZUMA Press/アフロ

本節では、イタリアがスターバックスに「NO」と言い続けた背景や、イタリア独自のバール文化やエスプレッソ文化について説明していきたい。

スターバックス、イタリアへUターン？

２０１８年9月7日、ミラノの大聖堂（ドゥオーモ）から程近いコルドゥージオ広場前にて、元は郵便局として使われていた建物を利用する形でイタリアのスターバックス第一号店がオープンした。２０１８年当時、イタリアは、スターバックスが進出した78カ国目の国であったと同時に、このイタリア初の店舗は、リザーブ ロースタリー（Reserve Roastery）というスターバックスの特別店であった。

コーヒー豆の種類も抽出方法も通常の店舗に比べてとても多いスターバックス リザーブ ロースタリーは、コーヒーを楽しむという体験を届けるというコンセプトのもと運営されており、シアトル、シカゴ、ニューヨーク、東京、上海、そしてミラノと世界4カ国6都市にしかない特別店である。

ミラノ店、つまりイタリアのスタバ一号店は、スターバックスの通常の店舗とは異なる、こだわりのコーヒーメニューを提供するのみならず、デザートやサンドイッチなどフードメニューについては、ミラノ発のベーカリーであるプリンチ（Princi）と手を組んだ。つまりスターバックスのコーヒーを飲みながら、イタリアのピッツァやケーキ、フォッカッチャを味わうことができるのである。

さらにミラノ店では、アペリティーボという、食前酒におつまみセットがついたメニューも提供している。つまりここでも「餅は餅屋」の方針が見えるように、スターバックスは、イタリアに初めて進出するにあたり、現地のベーカリーの力を借りて、アメリカのコーヒーを売り出そうとしたのであった。

その後、ミラノでは2018年秋以降、スターバックスの通常の店舗も次々とオープンしていった。2024年現在、ミラノのスターバックス通常店は、ガリバルディ店、ミラノ中央駅店、ロステッリ店、トリノ通り店、ヴェルチェッリ店、サン・バビラ駅近くにあるドゥリーニ店の合計6店舗である。

またミラノのマルペンサ空港にも店舗があるほか、かつてはトゥラーティ店（在ミラノ日本総領事館のすぐそば）とミッソーリ店（ミラノ大学近く）にも店舗があったがこの数年のうちに閉店してしまった。パリにスターバックスの店舗が50以上あることを考えると、ミラノの店舗数はかなり少ない。

スターバックスはフラペチーノの店？

なぜ、スターバックスはイタリアからインスピレーションを得て店のコンセプトを決めていながらも、イタリアでは店舗の拡大が緩やかなのか。

その理由の一番大きなものとして考えられるのが、イタリアにはエスプレッソをベースとしたコーヒーを提供するバールが数多くあることである。イタリアのバールについては次の節で詳述するが、細かく砕いたコーヒーの粉に圧力をかけて抽出するエスプレッソが主流のイタリアにとって、アメリカ式のコーヒーは「薄い」、自分たちが飲むコーヒーとは違うものというイメージが強いのであろう。

また２０１８年にスターバックスがイタリアへ進出した当時のイタリアのニュースをいくつか見てみると、ミラノのオンラインメディアであるミラノ・トゥデイ（Milano Today）はスターバックスのことを「フラペチーノの王」（il re del Frappuccino）とはっきり書いている。「フラペチーノの王」という皮肉めいた呼び名からは、スターバックスをコーヒーを飲む場所としては認めないというイタリアの意地も感じられる。

また、スターバックスがミラノで次々と店舗を拡大していくことを指して、イタリアのグルメ専門の出版社のウェブニュースでは、「ミラノとイタリアを征服するスターバックス」（Starbucks alla Conquista di Milano e dell'Italia）というインパクトの強いタイトルが付けられた。「征服」、大袈裟に聞こえるかもしれないが、エスプレッソの国イタリアにアメリカのコーヒーチェーン店がやってくるというのは、それくらい大ごとであったのだ。

さらにイタリアの全国版の日刊紙ラ・レプッブリカ（La Repubblica）やコッリエーレ・デッラ・セーラ（Corriere della Sera）でも、定期的にスターバックスの動向について取り上げられており、特にイタリアにスターバックスが進出、店舗拡大をした２０１８年から２０１９年にかけてはニュースも頻発していた印象を受ける。

その一部を紹介するならば、イタリアにスターバックスが上陸するほんの一週間ほど前の2018年8月28日付のラ・レプッブリカで取り上げられた、創業1936年のミラノの老舗菓子専門店のクッキ（Cucchi）がスターバックスに乗っ取られたというフェイクニュースが挙げられる。

結局これは建築家のチーノ・ズッキ（Cino Zucchi）が仕掛けたお遊びであったが、街の人々は、ミラノの伝統ある菓子店がアメリカンコーヒーの店の進出によって失われるのかと早とちりし、ネット上は騒然となった。

一方でスターバックス旋風もだいぶ落ち着いてきた2024年11月には、コッリエーレ・デッラ・セーラが、ローマのサン・シルヴェストロにて初のスターバックスのフラッグシップ（旗艦店）をオープンすることを報じた。

フラッグシップ、つまりその企業が最も力を入れている商品やサービスを提供する、企業の顔となる店舗のことであるが、このローマの旗艦店は「コーヒーとアートが出会う場所」というコンセプトのもと作られた。ポップかつモダンに装飾された店内では通常店と同じくフードやビバレッジを味わうことができるほか、コーヒーを知るためのミーティングも定期的に開催されるとのこと。

さらに「大きな鼻」という意味のナゾーネ（nasone）と呼ばれる水飲み場も店内に設置

されている。これは19世紀後半のローマにて、市民が飲料水を不自由なく使用することができるようにとローマ市が市内各地に設置した公共の水飲み場であり、ローマの街を象徴するものとなっている。

このような歴史あるものをわざわざ店内に設置するのは、水と共に発展してきたローマの街の伝統および過去を尊重するというスターバックスのメッセージであろう。

また、スターバックスは、イタリアの老舗エスプレッソメーカーのビアレッティとのコラボレーションも発表している。スターバックスのイタリア一号店、リザーブ ロースタリーはミラノにて、そして旗艦店はローマにてオープンしていることから、スターバックスの、イタリアを確実な拠点の一つにしたいという思いが見て取れるのである。

このように賛否両論、様々な話題を提供しながら２０１８年以降、スターバックスはイタリアに店舗を増やしていったが、２０２４年現在、イタリア全土で46店舗にまで増えた。中には空港の中にあるために街の中の店舗とは少し利用する層が異なる店舗もあるが、ミラノとミラノ近郊合わせて12店舗、ベルガモに2店舗、トリノに3店舗、ボローニャに2店舗、フィレンツェに5店舗、ローマとローマ近郊に7店舗、ナポリに3店舗、ヴェネツィア、パドヴァ、リミニ、バーリにそれぞれ1店舗とイタリアの主要都市を中心に店舗がオープンしていっている。

中には町外れにある店舗もあるが、よくよく住所を見るとドライブスルーや空港内にあるものもある。また他国と同様に、その都市ごとのご当地タンブラーやマグといったイタリア独自のグッズも徐々に増えていっている。もちろん長いスパンで観察を続ける必要があるが、2018年にミラノにてスターバックスのイタリア一号店を開いた時のスターバックスの戦略は、数年かけて概ね成功しているように思われる。

それはスターバックスが当初より、イタリアの食文化を尊重しつつビジネスを始めたからであり、またスターバックスが進出したからといってイタリアのバール文化やエスプレッソを飲む習慣が廃れたわけではない。ここ数年のイタリア国内のニュースを見る限り、イタリアにおけるスターバックスに関する視線は厳しくもありながら、関心度は高いことが見て取れる。「スターバックスのUターン」が今後どのような展開を見せるか楽しみである。

プレタ・マンジェ

さて、本節ではスターバックスにフォーカスして記述を進めたが、スターバックス以外でも高いシェアを誇るチェーンのカフェをいくつか紹介していきたい。

一つ目に紹介するのは、１９８６年創業、ロンドン発のカフェチェーンであるプレタ・マンジェ（Pret a Manger）である。店名はフランス語で「すぐに食べることができるもの」を意味するが発祥はイギリスで、サンドイッチを主力商品にしているカフェである。スターバックスと大きく異なる点は、ホットドリンクメニューよりも、サンドイッチやラップサンド、ポリッジ、スープなどフードメニューがかなり豊富なことである。

ロンドン中心部を歩いていると、とにかくこのプレタ・マンジェが多いことに気づく。イギリスは欧州の中では一番スターバックスの店舗数が多い国なので、もちろんスターバックスも目につくのだが、プレタ・マンジェの多さはその比ではない。

イギリス国内のプレタ・マンジェの数は２０２４年時点で４５２店舗と、イギリスに１２００店舗以上も出店するスターバックスに比べたら少ないのだが、プレタ・マンジェの店舗の半分以上はロンドンに集中している。

プレタ・マンジェは、オーガニックのコーヒーと新鮮なフードを店内で全て手作りし提供していることで有名である。

またプレタ・マンジェがロンドンで人気な理由の一つにお得なサブスクリプションプラ

ンを提供しているということがある。プレタ・マンジェは２０２０年、コロナ禍での打開策として、月額30ポンドでフードメニューが20パーセントオフになる上に、一日最大５杯のコーヒーを注文することができるプランを打ち出した。

プレタ・マンジェの作戦は、無料のコーヒーに釣られて来店した客にフードメニューを買ってもらうというものであり、この作戦が功を奏して、ロンドン市内のプレタ・マンジェは常に人でいっぱいであった。

ところが２０２４年、原材料の値上げの影響を受けたプレタ・マンジェは、このサブスクリプションプランを廃止し、新たに月額10ポンドで一日５杯までドリンク半額の特典を享受できるプランを同年９月から導入することを発表した（移行期間の措置として２０２５年３月まで月額10ポンドの料金を月額５ポンドに値下げ）。

確かにかなり割引率は少なくなったように感じるが、プレタ・マンジェにとっては苦肉の策なのであろう。このサブスクリプションの廃止・変更によって、今後、ロンドン市内のプレタ・マンジェがどのように展開していくか要注目である。

ちなみにプレタ・マンジェは、イギリスの他にもアメリカやフランス、ドイツ、スイス、香港、インドなどに展開しているが、２０２４年現在、イタリアではミラノ・マルペンサ空港内にある店舗一つだけである。日本では２００２年に日本マクドナルド社の出資のもと、日比谷シティに一号店がオープンしたが、その後すぐに撤退してしまった。日本ではオーガニックや体にいい製品というアピールポイントが響かなかったのであろうか、あるいはサンドイッチやパンといえば他にも安く、そしてそれなりに美味しいものが購入できるカフェやコンビニエンスストアが充実しているせいであろうか。様々な要因が考えられるが、完全撤退した今、その原因を探りようがない。

アジアの中でも日本が2位、3位を争う店舗数を誇るスターバックスのケースとは正反対であるが、店舗進出を成功させるためには、その国の雰囲気やローカルルールの様子を見て対応するしかないのであろう。

コスタコーヒー

もう一つ紹介するのは、１９７１年にイギリス・ロンドンで創業したコスタコーヒーである。日本では実店舗のカフェとしてはまだ馴染みがないかもしれないが、イギリス国内には２０２４年時点で２４００店舗以上、その他、中国、アラブ首長国連邦、ポーランド、アイルランドなど全世界で３０００以上の店舗を展開する大手コーヒーチェーン店である。

1950年代に一族でイタリアからイギリスへ移住した創業者のセルジオ・コスタとブルーノ・コスタ兄弟は、当初、街の飲食店に焙煎コーヒーを卸していた。20世紀後半のイギリスでコーヒー需要が高まるにつれて彼らの事業も拡大していき、1981年、ロンドンのヴォクスホール・ブリッジの近くに最初のコスタコーヒーのカフェをオープンした。

コスタ兄弟は、ロンドンで初めてエスプレッソを提供したと言われており、またここで作られるカプチーノもロンドンの人々の間で評判となった。着実に店舗の数を国内外で増やしていったコスタコーヒーであったが、2019年にコカ・コーラ社に買収された。コカ・コーラは「自社にはコーヒーブランドがないため」に、実績のあるコスタコーヒーの買収を望んだとのこと。

ちなみにコスタコーヒーは、2024年現在日本では、東京に8店舗と福岡に1店舗の合計9店舗を展開しているが、どちらかといえば、日本全国で馴染みがあるのは、日本コカ・コーラ社のもとで販売されているペットボトル飲料や缶コーヒーであろう。自動販売機が街中に多く、また扱っている商品の種類も多い日本において、自販機での飲料での売り上げは看過することはできない。

コーヒーを中心に展開されるコスタコーヒーの飲料は、こだわりのエスプレッソをベースにブラックやラテ、フラットホワイトなど、ペットボトル飲料を中心に豊富なラインナップがある。コーヒーにこだわって少しでも美味しいものを飲みたいという欲求と、その日の気分に合わせてミルクや砂糖の配分を選びたいというニーズに応えてくれるのである。

自動販売機が日本ほどメジャーではない海外での市場と差異化を図りつつ、コスタコーヒーがコカ・コーラと手を組み、日本向けに商品をアレンジしたと言えるであろう。自販機で購入し、移動中に駅で、または車の中でコーヒーを飲む時間も、落ち着きはないかもしれないが立派なカフェタイムである。

スターバックス、プレタ・マンジェ、コスタコーヒーと本節ではチェーン店のカフェを扱ってきた。チェーン店のカフェというと、どこも同じ、混んでいるなどとネガティブなイメージを抱かれる傾向があるが、チェーン店のよいところは、どの店舗に行っても大体メニューが同じで味も大きく変わることがないことであろう。

特に世界的に展開するカフェは、現地のニーズに合わせて、そのビジネスモデルを考える必要に迫られる。画一化されたチェーンのカフェと最初から決めつけるのではなく、世界各国のチェーンのカフェを覗き、その特色を発見するのもまた楽しいカフェの時間である。

第3節　全ての人に平等なコーヒー

エスプレッソと共に発展したイタリアのバール文化

これまで言及した通り、イタリアにはエスプレッソをベースとしたコーヒーメニューを提供するバールが数多くある。他の国にある一般的なカフェとイタリアのバールの違いは何であろうか。

イタリアのバールを構成する特徴はいくつか挙げられるが、一番分かりやすいものとして挙げられるのが、エスプレッソを立ち飲みすることができるカウンター席があることであろう。イタリアでは、このようなエスプレッソを提供するカフェのことを「バール」(bar) と呼び、街の至る所にある。

イタリアの人々は、朝食にエスプレッソあるいはカプチーノを飲み、午前中もエスプレッソ休憩、昼食の後も一杯のエスプレッソ、午後の休憩中にもエスプレッソ、そして人によってはディナーの後にエスプレッソを飲む人もいる。バールで飲む場合もあれば、家庭であるいはオフィスや学校の専用の機械や自販機で飲む場合もある。

イタリア最古のカフェは、１７２０年創業のヴェネツィアのカフェ・フローリアンだと言われているが、エスプレッソ自体は20世紀頭に誕生とその歴史は意外にも新しい。エスプレッソとエスプレッソマシーンの発展と共に広まっていったイタリアのバール文化についてここで説明したい。

日本ではエスプレッソというと、小さなカップに入った濃いコーヒーという認識くらいで、エスプレッソを注文することができるお店はイタリア発のコーヒーチェーンであるセガフレード（Segafredo）やイリー（illy）、スターバックスやベローチェ、ドトールなどの一部のチェーン店、エスプレッソマシーンを置いている個人経営のカフェを除き、少ないのが現状である。

　この小さなカップ、つまりデミタスカップが生まれたのは、19世紀初頭のナポレオン戦争の

ミラノの老舗カフェレストラン、サヴィーニのカウンター。カウンターの奥にエスプレッソマシーンが見える

頃であった。ナポレオンの大陸封鎖令により、コーヒーの流通が大幅に減少し、イタリアでもなかなか手に入りにくくなったのは、本書でも述べてきた通り。このような困難の中、少量のコーヒーでも優雅に楽しめるようにという目的のもと、ローマ最古のカフェ・グレコ（1760年創業）にてデミタスカップが誕生した。

細かく砕いたコーヒーの粉に圧力をかけて一気に抽出することで、熱湯とアロマオイルがしっかり混ざり合い、コーヒーの旨みや香りが凝縮されるエスプレッソ。

まるでコーヒーのエキスのようなエスプレッソは、デミタスカップの誕生から遅れること半世紀ほど後の1851年に生まれた、トリノでリキュールやチョコレートを扱う会社を一族で営んでいたアンジェロ・モリオンド（Angelo Moriondo）がエスプレッソマシーンを開発したことからその歴史が始まる。

モリオンドは、より短時間で多くのコーヒーを提供するために発明したエスプレッソマシーンの特許を、1884年に取得。このエスプレッソマシーンは、多くの店の支持を得たために、トリノを中心にエスプレッソが広まっていった。

イタリアで徐々に知名度を上げていったエスプレッソ。1901年にはミラノのエンジニアであるルイージ・ベゼッラ（Luigi Bezzera）がモリオンドの製品を改良し、新たにマシーンを開発し特許を取得した。翌１９０２年、この特許を購入したデジデリオ・パボーニ（Desiderio Pavoni）によって、エスプレッソマシーンが量産されていくこととなる。

それから間もない１９０５年には、機関車のボイラーのメカニズムから着想を得たピエル・テレジオ・アルドゥイノ（Pier Teresio Arduino）によって、銅と真鍮《しんちゅう》からできたエスプレッソマシーンが開発された。この見事な装飾が施されたエスプレッソマシーンは、イタリアのカフェで普及していくことになるほか、１９０６年のミラノ万国博覧会では、ベゼッラのエスプレッソマシーンが出品された。

その後のイタリアでは、機能性と美的感覚を両立させる形でエスプレッソマシーンの改良・開発がさらに進み、デロンギ（De'Longhi, １９０２年創業）、ラ・チンバリ（La Cimbali, １９１2年創業）、ラヴァッツァ（Lavazza, １８９５年創業）、イリー（Illy, １９３３年創業）などといったメーカーで生産が行われていった。

エスプレッソの普及に伴い、家庭でも使用することができる直火式のコーヒー抽出器具（マキネッタ、モカ・エキスプレス）も普及していったが、エスプレッソが普及した20世紀前後にイタリアでは、徐々に従来のカフェが、立ち飲みでコーヒーを提供するバールに取って代わられるようになったとされている。

今のバールのはしりは、1898年のフィレンツェにて、アレッサンドロ・マナレージ（Alessandro Manaresi）が開いた立ち飲み式のコーヒースタンドだとも言われている。

またバール（bar）という名前は、「Banco a Ristoro」（休息のためのカウンター）の頭文字をとってバールとされたという説もあれば、「制限すること」をニュアンスとして含む英語のbarrier（障壁）に由来するという説もある。このbarrierという単語は、19世紀に禁酒運動（Temperance movement）がたびたび起こっていたイギリスにおいて、酒を販売する店のドアに「barred」などといった表記があったためだともされている。

休息の場所なのか、それとも禁止された秘密の場所なのか、真偽はさておき、ちょっと立ち寄り立ったままエスプレッソを楽しむことができるバールは、イタリアでの生活に深く根付いていくことになる。

コロナ禍も乗り切ったバール文化

イタリアのバール文化について熱く語ったところで、コロナ禍において、いかに人々はイタリアのバールに通ったか、書いていくことにしよう。

2020年初頭に突如として世界中をパニックに陥れたコロナウイルスは、イタリアでも多くの死者を出した。２０２０年から２０２２年頭にかけて政府は、断続的なロックダウンやワクチンパスポートなどの措置をとり、国民の生活をコントロールしようとした。その中にあった規制の一つが「飲食店でのイートイン禁止」である。多くの人が出入りし、会話しながらコーヒーやアルコールを楽しむバールは、まさに規制の対象であった。

イタリアでも飲食店に対する補助金などもあったが、テイクアウトで対応した店も多かった。特に規制が厳しかった最初のロックダウン（２０２０年3月から5月まで）の後は、感染者数の推移によって、イタリアでは州ごとにロックダウンの程度が決められていた。その中に「テイクアウトならばお店を営業してもよい」という規制もあったために、期間限定でテイクアウトのみで営業していた飲食店もあった。

エスプレッソなんて家に簡単な機械があれば安く作れるのに、人々は、バールへコーヒーをテイクアウトしに行った。外出するという機会でさえ規制されていた時期であったこともあり、わざわざ買いに行く、そこで馴染みの店主と簡単な会話を交わすということに楽しみを見出していたのかもしれない。

例えば、ミラノのヴィットーリオ・エマヌエーレ2世のガレリア（19世紀後半に建設。イタリア王国初代国王の名前に因んで名付けられたアーケード、通称ガレリア）の中にあるクラッ

コロナ禍のクラッコ前で食べたパスティチーノ

コでは、店先に簡単な販売ブースとコーヒーを飲むための丸テーブルを設けていた。
　当時は一定の客が店先でコーヒーやパン、お菓子を味わっていたが、今思えば、店の前で飲食をして大丈夫だったのかとも思う。ただ一応、店の敷地内には入っていないので、テイクアウトしているという扱いになる。
　この時は筆者も、観光客もほとんどいないガレリアの天井を眺めながらお菓子とコーヒーを楽しむことができた。2020年から2021年にかけての話であるが、現在、常に観光客で溢れるガレリアを見るにつけてあの光景は二度と見ることができないのだろうなと振り返る。
　もちろん2020年以降、イタリアで断続

的に続いたロックダウンやその後の物価上昇によって店を閉めることを余儀なくされたところもあるであろう。このような厳しい状況であっても、イタリアの人々は、いつも通りお気に入りのバールに行き、店の人との会話を楽しみながらカウンターでエスプレッソを啜る日々を心待ちにしていた。バール文化を絶やすという選択肢などなかったのであった。

インフレに抗うエスプレッソ

一般的に、イタリア北部のバールでは、カウンターで飲むエスプレッソは、だいたい1ユーロから1・3ユーロほどに設定されており、中部や南部ではもう少し低い価格でコーヒーを飲むことができる。

「立って飲むと安い、座ると高くなる」というのは、イタリアのバール独特のシステムであり、イタリアのカフェの中には、テーブルでのエスプレッソの料金が、カウンターでの料金の3倍から4倍に設定されていることもある。その他、コペルト（Coperto）というテーブルチャージ料をカフェタイムであっても要求してくるカフェもある。なお、フランスでもカウンターではテーブル料金よりも安くコーヒーを提供しているカフェが一部あるようだが、テーブル席しか設けていないカフェがメインな印象を受ける。

このシステムを知らないまま、イタリアのカフェでカウンター料金を見て安心してうっかり座って予想より高い領収書を受け取ってしまうのは避けたいものだが、逆にいえば、このように立ち飲み料金を低いまま保っているからこそイタリアでは気軽に一日何杯もコーヒーを飲むことができるのである。

砂糖をエスプレッソに入れてジャリジャリとかき混ぜながらカウンターに立つ客は、バリスタや他の客たちと簡単な会話や挨拶をしながら、さっとエスプレッソを飲み干し店を後にするのが常である。これは一杯のコーヒーを片手に日がな議論をし、時には創作活動まで行った知識人や芸術家が集った、他のヨーロッパ諸国のカフェとは異なるイタリア式カフェ、バールの姿である。

しかしながら、2022年頃から世界の各産業分野でとどまることを知らない価格高騰。輸送費や原材料の値上げの煽りを受けて、様々な日用品の値上げが、2024年現在も止まらないが、イタリアもその例外ではない。イタリアではバールで飲むエスプレッソは安いものであったが、この物価高の中、残念ながらどこの店でも少しずつ値上げしているようだ。

例えば、ミラノで一番の老舗のコヴァは、2022年頃までは立ち飲み用のエスプレッソは1・3ユーロ、一口サイズのお菓子（パスティチーノ）は1・5ユーロだったのに対し、2024年現在ではエスプレッソは1・6ユーロ、一口サイズのお菓子は2ユーロである。

またプラダ・グループ傘下で営業中の老舗カフェ・マルケージの本店では、2022年頃まではエスプレッソ1・1ユーロ、一口サイズのお菓子は1・5ユーロだったにもかかわらず、2024年現在ではエスプレッソ1・5ユーロ、一口サイズのお菓子に至っては3ユーロである。

コーヒー豆や乳製品、電気代や燃料代、そして人件費に至るまで世界全体で値上がりしている今、値上げ前と同じ価格でクオリティを落とさずにカフェメニューを提供するというのは難しくなっている。

特にイタリアの人々に一番人気のエスプレッソは、なかなか値上げすることはできず、元は1ユーロだった立ち飲み用のエスプレッソを1・1〜1・3ユーロにするなど、値上げ幅を0・5ユーロ以下に抑えている店が多い印象を受ける。フードメニューやエスプレッソ以外のドリンクメニューをある程度値上げする代わりに、エスプレッソの値段は低く抑えるというのがイタリアでカフェを続ける第一条件のように思われる。

特に店の数も多く、競争が激しいミラノなどの大都市では、2024年現在、立ち飲み用のエスプレッソを1・5ユーロ以上に値上げしてしまっては、客足が遠のくリスクとも隣り合わせとなるようだ。

一杯のエスプレッソの原価を考えると、エスプレッソを安いままにしてしまっては採算が取れないのかもしれないが、「あの店のエスプレッソは適正価格で、かつお店の雰囲気もよく美味しい」というのがイタリアのカフェでは重要になってくる。

そのためにミラノの大聖堂やガレリア、モンテナポレオーネ周辺など、観光客の多い中心部のカフェであっても、エスプレッソ一杯の価格が1・5ユーロを超えるところはほとんど見ない（コヴァは2024年11月までは1・6ユーロのエスプレッソにチョコレートまで無料でついてきたので、豪華なカウンターでチョコレートを楽しむことができむしろお得な気さえもした。ところが同年12月より、この無料のチョコレートがなくなってしまった。インフレ対策のための一時的な措置かもしれないが、無料のチョコレートの復活を願うばかりである）。

逆にランチでもコースとアルコールを頼めば、100ユーロ近い会計になってしまうような高級レストランでも、カウンターで飲むコーヒーの値段は、1・5ユーロ前後に設定されている。

イタリアでもその街ごとにエリアの棲み分けはされている。

例えば、青いスーツを着たビジネスパーソンが集まるエリア、ハイブランドのアイテムに身を包んだお洒落な人たちが集まるエリア、本やパソコンを抱えた学生たちが集まるエリア、蛍光色のジャケットやパーカーを着た肉体労働者などが集まるエリア、それぞれのエリアにあるカフェは、やはりそのエリアに集まる人の趣味や嗜好、経済的状況、もっといえば階級を反映していることが多い。

それぞれの人が行くカフェは分断されているにもかかわらず、そこで出される一杯の立ち飲み用のエスプレッソは、1ユーロから1・5ユーロなのである。そう、イタリアではコーヒーは全ての人に平等なのである。

フランスの朝食の定番、ユネスコ無形文化財のバゲット

一方、お隣フランスのカフェを見ると、コーヒー豆の値上げや生産量の減少の影響を受けて2024年現在、カウンターでのエスプレッソの価格は1・4ユーロ、テーブルでの価格は2・8ユーロと徐々に値上げしていっているとされている。またフランスでその価

格の推移が話題になるのは、ブーランジェリー（パン屋）のバゲット（Baguette）であろう。

フランスの国民食であるバゲットは、一年に約１００億本が売れる。２０２２年にはユネスコの無形文化遺産にも登録された。

１９９３年9月13日、「バゲットトラディションは小麦粉、塩、水、イーストの基本の四つの材料から作られなければいけない」と厳格に定められた法律（Décret pain de 1993）がフランス政府によって出された。

また１９９４年よりパリのブーランジェリーを対象にパリ最優秀バゲットコンクールが開かれており、優勝者には賞金４０００ユーロと一年間のフランス大統領官邸エリゼ宮の公式パン職人という栄誉ある役職が与えられる。

このようにフランスが国を挙げてその品質と味の保持に力を注ぐバゲットであるが、こちらも２０２０年代以降の世界的な原料と燃料高騰の影響を避けることができず、わずかな額ではあるが少しずつ値上げしている。２０２４年現在、フランスのバゲットは公定価格ではなく、自由価格で販売されているが、１９７８年までは国によってバゲットの価格は統制されていた。

フランスの国家とパンの関係について考えるならば、もう一冊本を書かねばならないほどその歴史は長いが、今後、フランスの国民食であるバゲットの価格や品質がどのように推移していくかは見守る必要があるであろう。

少し話がカフェから逸れてしまったが、フランスの人々が、日常的に食べるバゲットを購入する場はブーランジェリーかスーパーマーケットである。フランスのブーランジェリーの中には、パンだけを扱うのではなく、日本のケーキ屋さんで売っているようなケーキまで扱っているところも多い。

朝から夜まで営業しているようなパリの典型的なカフェでは、食事メニューもコーヒーもケーキも一通り揃っているが、クロワッサンやバゲットのメニューがあるのは朝食の時間だけなのが常である。

カフェの朝ご飯タイム（Petit Déjeuner）は、開店から11時、あるいは12時までと定められており、この時間帯にクロワッサン、パンオレザン（レーズン入りの甘いパン）、パンオショコラ、バターを塗ったバゲット（tartine de beurre, ジャムは別料金のところが多い）、ヨーグルト、フルーツ、オムレツ、そしてコーヒーやお茶、オレンジジュースなどが他の時間帯よりも比較的お得に提供されている。

またカフェの中には少し豪華な朝食メニューを提供しているところもある。例えば第4

章で登場したパリの老舗カフェ、ドゥ・マゴでは、「ヘミングウェイの朝ご飯」（Le Petit Déjeuner Hemingway）30ユーロというメニューがある。

その内容は、二種類の温かい飲み物、卵料理（サニーサイドアップ・グリルベーコン添え、あるいはプレーンオムレッツハム・チーズ添えから選択）、バター付きバゲットあるいはヴィエノワズリ（viennoiserie, パンオショコラなどの甘いパンのこと）の手作りジャム・ハニーバター添え、搾りたてオレンジあるいはグレープジュースとかなり豪華である。

脂質と糖質をしっかり摂れる朝ご飯のフルコースをカフェで食べるならば、ゆっくりできる日を選んだほうがいいかもしれない。カフェの朝食でなくても、ブーランジェリーで売っている1ユーロくらいのバゲットや1・2ユーロ前後のクロワッサンを持ち帰り、家でミルクたっぷりのカフェオレを淹れたら、立派なフランス式朝ご飯の出来上がりである。

甘い甘いイタリアの朝食、朝のバールの風景

フランスの朝食に言及したところで、イタリアの甘い甘い朝食について最後に説明しよう。

フランスの朝食もだいぶ甘い気がするが、イタリアの朝食は輪にかけて甘いと断言する。イタリアのバールに朝に行ってみると、エスプレッソやカプチーノ、時にはオレンジジュースを飲みながら、ブリオッシュ（コルネット）という甘いパンを忙しなく齧る人を見ることができるであろう。

イタリア北部ではブリオッシュ、中部・南部ではコルネットと呼ばれることが多い甘いパンは、フランスのクロワッサンと似たような見た目なのだが、その味も食感も全く異なるものである。

筆者がアッシジ滞在中に経験したイタリアの朝食

フランスのクロワッサンは、小麦粉、バター、水、ビール酵母によって作られ、使用される砂糖の量もごくわずか。生地の中に卵は入っておらず、焼く前に刷毛で塗る時に卵が使われるだけであるために、バターの香りが強く、外はパリッと中はふわっとした食感となる。

その一方でイタリアのブリオッシュ（コルネット）は、生地に卵や牛乳が加えられており、砂糖の量もフランスのクロワッサンよりも多い代わりにバターはフランスのものより少ない配合である。そのために生地はしっとり、甘味が強い。さらにイタリアのブリオッシュには、ジャムやカスタードクリーム、ピスタチオクリーム、チョコレートクリームなどが入っている時がある（中に何も入っていない「空の」〈vuoto〉ブリオッシュもある）。

フランスのクロワッサンもイタリアのブリオッシュ（コルネット）も、ウィーンの三日月型の菓子キプフェルに由来するものだとされているが、その味もレシピも大きく異なるものとして発展した。

イタリアのバールでは、カウンターの上やショーケースの中にブリオッシュが並んでいることが多く、バールの人気メニューの一つであるが、スーパーマーケットでも購入できる。日持ちのする市販品として、バウリ（Bauli）やムリーノ・ビアンコ（Mulino Bianco）などといったイタリアの菓子メーカーの袋入りのブリオッシュを手頃に購入できる。

またヘーゼルナッツ風味の甘いスプレッドとして有名なヌテラ（nutella）を製造するイタリアの企業フェレロ（Ferrero）のブランドラインの一つであるキンダー（Kinder）からは、朝食や軽食にぴったりな個別包装されているお菓子が種類豊富に展開されている。

「朝食にぴったり」といったが、イタリアでは、日本の人が見たらお菓子にしか思えないものを朝食として食べる。その中でも特にブリオス（Brioss）やコラッツィオーネ・ピウ（Colazione più, コラッツィオーネはイタリア語で「朝食」の意味）というクリームが挟まった四角いスポンジ菓子は、家庭や宿泊施設にて朝食として常備されていることが多い。

味噌汁と白いご飯、納豆という朝食で育った日本人としては、朝からそんなお菓子を食べていいのかと驚くばかりであるが、このスポンジ菓子をカプチーノにじゃぶじゃぶつけて食べるのがイタリアの家庭での朝食の定番の一つである。

もちろんヨーグルトやフルーツという選択肢もあるが、イタリアの朝食は、甘いパンにお菓子、ジャムやクリームなどをもとに構成されているために、頬張れば口の中はまさに甘さの青天井。味噌汁や漬物、米が欲しいなと思っても、そこには甘くないものはない。

逆にいえば、これらのお菓子とコーヒーといったイタリア式の簡素な朝食は、糖分はがっつりな代わりに脂質はほどほどに抑えられるために、素早くエネルギーが欲しい朝にはぴったりである。朝、カフェや家庭でがっつり糖分を摂取した後、程よいお腹の空き具合で昼食に臨めるわけなのである。

あとがき

「イタリア、カフェ、コーヒーなどをキーワードに本を書きませんか?」という話が出版社から来た時、「これは十年、いや二十年早い仕事かもしれない」と咄嗟《とっさ》に思った。

お声がけいただいた2024年春は、イタリアで博士論文の締め切りに向けてラストスパートをかける中、博士号取得後の進路についても悩んでいた時であった。加えて、日本に住む祖父の介護費用も必要な時期でもあったので、十日間ほど悩んだ後に「ひとまずどのような本を書けるか、ミーティングをしましょう」と出版社にようやく返事をした。

そのわずか二週間後に祖父は亡くなってしまったのだけれど、悲しみをえいやと心の奥にしまいこみ、飛行機に飛び乗った。日本で葬儀を終え、その一ヶ月後に博士論文の初稿をローマ大学に提出した。その後、編集者の方と本の方向性についてやり取りを重ねた。

当初は、イタリアのカフェやお菓子、食文化について書くという案も出た。残念ながら私は、お酒は舐めるようにごく少量しか飲めないし、イタリアでも米を毎日のように炊いて自炊する生活をしているので、本格的なイタリア料理を食べた回数も数えるほどしかない。

ただ私は、気が狂ったようにミラノやローマ、時々パリのGoogleマップにピンを立てつつ、カフェに通っていた。となると、いっそのこと「カフェ」に焦点を絞り、「カフェの世界史」というタイトルで本を書くことにしようと最終的に合意に至った。

実際に執筆を本格的に開始したのは、博士論文の最終稿を大学に送った9月半ばより後のこと。そこから数日ごとにやってくる締め切りに、暗澹《あんたん》たる思いでカレンダーを眺めつつ執筆を進めた。すると思いの外《ほか》、筆が進み、最後の締切日の数日前に全ての章を編集者に送り、執筆は終了した。

長々と本書が出来上がるまでの経緯を書いたが、原稿を仕上げた後ならば好きなことを「あとがき」に書いてよいという編集者からのお達しをいただいていた時から、「あとがき」に書こうと決めていたことが二つある。

一つは、本書は「研究書」ではないということである。本書は、「歴史や文化って面白い」と思ってもらうための「入口」を意図して書いた本である。本書を書くにあたり、私の専門であるルネサンス期・近世のイタリアの歴史以外の膨大な知識や情報を参照する必要があった。そこで参考文献を選ぶにあたり、重視した基準は以下の通りである。

・日本の歴史学研究者が執筆した研究書、あるいは通史の本
・日本国内の図書館で手に入る本
・2000年代以降の比較的新しい本

この本の狙いの一つは、「カフェ」を入口に歴史学に興味を持ってもらう、参考文献に挙げられている本に手を伸ばしてもらうということだからである。

私の専門分野でもある西洋史学の研究者の方々は、近年も精力的に研究プロジェクトを立ち上げ、優れた研究成果を論文集あるいは翻訳書として残されている。その他にもミネルヴァ書房から出版されている「はじめて学ぶ〜歴史と文化」のシリーズや、明石書店から出版されている「〜を知るための…章」シリーズなど、専門外の人間にとっても読みやすい優れた書籍はたくさんある。

本書では、イタリアに限らず、フランス、ドイツ、イギリス、オーストリア、そして日本の歴史などをまとめつつ執筆する必要があったために、このような研究者の方々が書かれた最新の研究成果から勉強させていただいた。

ただイタリアで執筆していたこともあり、ちょっとした調べものをしたい時に日本語の参考文献がなかなか手に入らない、大学図書館に見に行くことができないという悩みもあった。そのために、本書で挙げられている参考文献は十分ではなく、他にも読むべき文献があったということはここでエクスキューズしておきたい。

執筆を進める上で、近世以降のヨーロッパ史の基礎的流れを読み込む必要があったために、自分が専門とするイタリアの歴史を異なる視点から考えるきっかけにもなった。

例えば、「アルプスを越えたザッハトルテ」の節でも説明したように、15世紀末に始まるイタリア戦争を機にイタリア半島の多くの都市は、一部独立を守る都市や公国はあるものの、オーストリアとフランスの影響を強く受けることになる。このような外国支配の残《ざん》滓《し》というものは、今でもイタリアの各都市でいくつも目にすることがある。

しかしながら、イタリア共和国という国家が成立している今現在のイタリアの姿のみを見るならば、このような名残《なごり》の由来や理由を読み解くことは難しいであろう。少々乱暴な言い方をすれば、日本の世界史の教科書では、ルネサンスやマキァヴェッリ、対宗教改革でイタリアが少し登場したかと思えば、その後にイタリアが大々的に登場するのは、ガリバルディが主導したリソルジメントの時期になってからである。

この日本ではあまり一般的ではない、「空白の」イタリアの歴史、外国支配の時代について、今後の自分の研究においても考察を深めたいと思ったのであった。

また大学生の皆さんは本書を、大学の授業の課題レポートの参考文献には挙げないで欲しい。本書ではなく、本書の参考文献、さらにはその参考文献の参考文献を、授業の課題では参照して欲しい。

自身で本を購入できない、かつ求めている文献を大学図書館や公立図書館が所蔵していない場合は、「購入依頼」制度を利用して欲しい。最終的に購入依頼が許可されるかどうかは分からないが、公の図書館に本が入れば、次に読みたい人にもつなぐことができる。かくいう私も一橋大学大学院在学中は、分厚いロレンツォ・デ・メディチの書簡集何巻かの購入依頼を大学図書館に申請し、購入してもらった。またコロナ禍の帰国中になかなか都会に行けなかった時には、福井県立図書館に購入依頼を出し、何冊か研究書を購入してもらったこともある。本を売るということが難しい今、残すべき本は、なるべく多くの人で買って、読んで、残すことが重要なのかなと思う。

もう一つは、1・5ユーロでコーヒー貴族になることができる国、イタリアと私についてである。

私は2017年秋にイタリア・ミラノでの生活をスタートした。到着から一ヶ月ほど経った頃、「ちょっと寒いから入ってみよ」といつも前を通り過ぎていたカフェに入ったことから私のコーヒー貴族生活が始まった。それまでにイタリアへ旅行や短期間の語学留学に行ったことがあったので、カフェ自体には入ったことがあったものの、イタリアのバールというものに意識して入ったのは初めてのことであった。

ずらりと色とりどりのガラスのボトルが並ぶカウンターの隣には、ツヤツヤと光る美味しそうなパンやお菓子が宝石のように並んだガラスのショーケース、煌めくシャンデリア……。思わずうっとりしてしまったが、このままショーケースの前で立っていると次の人の邪魔になりかねなかったので、前の人に続いてカウンターでエスプレッソを注文してみることにした。

カウンターで出されたエスプレッソ。何やら席に座って飲んでいる人もいるが、よく分からないままに立ってエスプレッソを飲んだ。とろりとした濃いコーヒーが体に染み渡り、お腹の中がポッと暖かくなった気がした。会計に向かうと「1・1ユーロ」と言われ、あまりの安さに驚いた。

当時日本だと喫茶店のコーヒーは大体400円から500円ほど、チェーン店でも200円から300円台くらいであったので、「立ち飲みとはいえ、こんなに豪華な空間でコーヒーを飲むことができて、かつコンビニコーヒーや缶コーヒーくらいの値段でエスプレッソが飲めるのだな」と感動した。

それからイタリアのバールの文化について調べたり、お店の人に聞いたりするようになり、立って飲むと安い、イタリア人はバールによく通うといったイタリアのバールのシステムやコーヒー文化について理解を深めた。

2018年から2021年頃までは、円安ではなく、またイタリアでも物価が上がっていなかったので、2・5ユーロ前後でコーヒーと一口サイズのパスティチーノというお菓子を楽しむことができた。このコーヒーとパスティチーノの組み合わせに見事にハマって、Googleマップを片手にミラノ中を歩くことになった。

パスティチーノという一口サイズのお菓子は、ミニョンというフランス語の名前もあるが、不思議とフランスのパティスリーで一口サイズのお菓子を見ることはない。一般的にフランスでは、日本でよく販売されているような一人用の普通サイズのケーキが、アントルメという名で売られているようである。

このイタリア独特の小さなお菓子、パスティチーノは、種類もとにかく豊富で、店によっては、普通サイズの小さい版として作っているところもある。なので普通サイズのケーキを一人一つ食べるというよりも、このパスティチーノを一人で複数頼めば色々な味を試すことができるというわけである。

イタリアではパスティチーノは、人の家に訪問する時のお土産、あるいは休日に家族で家で食事をした後のテイクアウトとして食べることが多い。休日にイタリアのパスティチエリア（菓子屋・ケーキ屋）に行くと、家族用に紙皿いっぱいにパスティチーノを選び、テイクアウトしている人を見かける時もあるが、なかなか幸せな光景である。

パスティチーノの話だけでだいぶ長くなるのでこれくらいにしておこう。

イタリアではランチやディナーで100ユーロくらいの価格帯の高級店であっても、コーヒーカウンターだけの利用ができるところもある。煌びやかなシャンデリアや大理石の床、古めかしい木のカウンターで立ちながら飲むエスプレッソ。とはいえそのエスプレッソは、1ユーロちょいの値段であり、まさに気分はコーヒー貴族である。

先に「1・5ユーロでコーヒー貴族」と書いたのは、2021年頃まではこのような高級店でも1ユーロから1・3ユーロほどで立ち飲みでのエスプレッソを提供していたのだが、2024年末現在では値上げが止まらず、高級店の立ち飲みでのエスプレッソの価格が1・5ユーロから1・6ユーロくらいにまで上がってきたからである。とはいえ、1・5ユーロ前後である。

さらに値上げが続くかもしれないが、身なりを整え、にこやかにお店に入り、かつてのイタリアやヨーロッパで活躍した歴史上の人物も通ったカフェでゆったりコーヒーを飲む。このような自分の生活の中のとっておきの時間、コーヒー貴族になれる時間というものは大事にしたいものである。

2024年現在、世界的な物価高や政情不安が続いている。私自身、この先どの国で生き、そして骨を埋《うず》めるのか全く予想もつかない人生であるが、イタリア・ミラノで発見した「コーヒー貴族」になれる時間のような楽しみは、何歳になってもどこに行っても持ち続けたいものである。

そういった小さな楽しみは、人によっては読書であったり、飲酒であったり、スポーツであったり様々である。そのような楽しみを人々が手放さざるを得ない世の中にならないことを祈るばかりである。

最後に、カフェという場所は、私にとって亡き家族との思い出をいくつも思い出すことができる場所である。福井県という地方都市で生まれ育ったために、ディズニーランドやUSJといったテーマパークどころか、東京にすら成人するまでに二回しか行ったことがなかったと記憶している（うち一回は修学旅行）。

県内に百貨店は一つしかなく、多くの人は地元のショッピングセンターで買い物を済ませるために、そこに入っているお店しか知らない。日常的な娯楽といえば、図書館で借りてくる本や雑誌、およびレンタルビデオ店で借りてくる映画であった。幸い私の実家には、両親の趣味で大量の本があったために、学校から帰ってくると夕方は図書館の本と家の本を読み漁《あさ》り、夕食後にテレビを見て9時には就寝する少女時代であった。

そのような日常において、ショッピングセンターのフードコートに入っているカフェで親と食べたフローズンヨーグルトや、祖母に連れて行ってもらったデパートで食べたコーヒーゼリーや苺ヨーグルトムース、はたまた京都や大阪の親戚からの貰い物の珍しいお菓子などなど、その一つ一つが特別であった。

「平成生まれにそんなことある？」と驚く人もいるかもしれないが、本書に登場したスターバックスでさえも初めて筆者が入ったのは、大学受験のために京都へ行った時であった。

大学入学後、間もなくして両親が亡くなった。さらにその数年後、これまで面倒を見てくれていた祖父母のケアをする必要が出てくるようになった時、食も細くなり、あまり外出したがらなくなった祖父母もカフェだけは一緒に行くことができた。

90歳も近くなり食が細くなった祖母もスタバの生クリームたっぷりのフラペチーノはペロリと飲んでいたし、「あんま外のご飯は食べたくないんや」と言っていた祖父も、喫茶店の卵サンドは完食していた。今でもこのように語ることができるのは、祖父母との一回一回の外出を「これが最後になるかもな」と覚悟しながらしていたからである。

カフェをめぐる私語りはいくらでも続けられそうだが、一旦ここで終わりにしよう。イタリア留学をするにあたって多くの教授や先輩方にお世話になったのだが、その方たちへの謝辞は、博士論文を出版することができた時に思いっきり書きたいと思う。カフェ、本、美術館という私の好みを形成してくれた、それぞれが世界史と日本史の高校教諭であった亡き両親と、いつまで経っても日本に帰ってくる気配がない姉に対して文句の一つも言わないでいてくれる妹と犬2匹、インターネットの海から私を見つけて、本を書くきっかけを与えてくれた編集者の北さんにここではお礼を述べておきたい。

２０２４年12月７日
聖アンブロジウスの日のミラノにて

moyenne-au-comptoir-en-2024-7900414589
Le Point「Quelle différence entre la baguette tradition et la baguette classique ?」https://www.lepoint.fr/eureka/quelle-difference-entre-la-baguette-tradition-et-la-baguette-classique-02-06-2023-2522756_4706.php#11
Légifrance「Décret n°93-1074 du 13 septembre 1993 pris pour l'application de la loi du 1er août 1905 en ce qui concerne certaines catégories de pains」https://www.legifrance.gouv.fr/loda/id/JORFTEXT000000727617
La Cucina Italiana「Brioche, cornetto e croissant: non sono la stessa cosa?」https://www.lacucinaitaliana.it/storie/piatti-tipici/brioche-cornetto-croissant-differenza
Kinder International　https://www.kinder.com

ウェブは全て 2024 年 12 月 26 日最終閲覧

piu-caro-l-espresso-vola-a-1-50-euro-colpa-dell-inflazione-ma-rischiamo-di-perdere-clienti-0223c3db-6063-41fa-95e3-dba185b93xlk.shtml
Google Arts & Culture「エスプレッソスタイルの詳細」https://artsandculture.google.com/story/rAXR5jdvgGVPPQ
JETRO「250億ユーロ規模の新たな経済対策を発表、飲食業支援も」https://www.jetro.go.jp/biznews/2020/08/742950b006d6c370.html
MUMAC　https://www.mumac.it
Gambero Rosso「Caffè espresso: storia ed evoluzione della bevanda più amata dagli italiani」https://www.gamberorosso.it/notizie/articoli-food/caffe-espresso-storia-ed-evoluzione-della-bevanda-piu-amata-dagli-italiani
UCC「今さら聞けないエスプレッソ！基本知識や飲み方を詳しく解説【教えて、コーヒーアカデミー！】」https://mystyle.ucc.co.jp/magazine/a_15870
Caffè Al Bicerin　https://bicerin.it
Caffè Vergnano「Caffè espresso italiano: nascita e origini a Torino」https://www.caffevergnano.com/blog/caffe-espresso-italiano-nascita-e-origini-a-torino
Bezzera　https://www.bezzera.it/it/home
Il Caffè Manaresi https://www.manaresicaffe.com
CNN.co.jp「仏のパン『バゲット』、ユネスコの無形文化遺産に」https://www.cnn.co.jp/fringe/35196923.html
日本経済新聞「フランス無形文化遺産・バゲット 職人がつなぐ伝統の味」https://www.nikkei.com/article/DGXZQOUD0249M0S3A600C2000000
Radio France「Prix de la baguette : quand le cours du pain était fixé par l'Etat」https://www.radiofrance.fr/franceculture/prix-de-la-baguette-quand-le-cours-du-pain-etait-fixe-par-l-etat-7602312
Le Figaro「Mauvaises récoltes de blé : la baguette de pain va-t-elle bientôt coûter plus cher ?」https://www.lefigaro.fr/conjoncture/mauvaises-recoltes-de-ble-la-baguette-de-pain-va-t-elle-bientot-couter-plus-chere-20240808
RTL「INFO RTL - Le prix du café augmente de 10 centimes, en moyenne, au comptoir en 2024」https://www.rtl.fr/actu/economie-consommation/info-rtl-le-prix-du-cafe-augmente-de-10-centimes-en-

scherzo_cino_zucchi-205101028
Pasticceria Cucchi Milano　https://pasticceriacucchi.it
Starbucks Stories & News EMEA「Inside the Eternal City's enchanting new Flagship Starbucks store at Rome's San Silvestro Piazza」https://stories.starbucks.com/emea/stories/2024/inside-the-eternal-citys-enchanting-new-flagship-starbucks-store-at-romes-san-silvestro-piazza
Starbucks Coffee Company（イタリア版）「San Silvestro」https://www.starbucks.it/flagship-sansilvestroroma/
Pret A Manger　https://www.pret.co.uk/
Pret A Manger（フランス版）　https://www.pretamanger.fr
Pret A Manger（アメリカ版）　https://www.pret.com
Statista「Number of Pret A Manger shops in the United Kingdom from 2014 to 2024」https://www.statista.com/statistics/716828/pret-a-manger-store-numbers-united-kingdom-uk
BBC「Backlash after Pret changes coffee subscription deal」https://www.bbc.com/news/articles/cnd09en33pro
The Guardian「Pret a Manger customers left fuming over end of 'free drinks'」https://www.theguardian.com/business/article/2024/jul/18/pret-a-manger-customers-end-free-drinks-subscription
日本食糧新聞「体にやさしい『プレタ・マンジェ』日本上陸、マック出資で脚光」https://news.nissyoku.co.jp/restaurant/grs-261-0044
Costa Coffee　https://www.costa.co.uk
BBC「Coca-Cola to buy Costa coffee for £3.9bn」https://www.bbc.com/news/business-45365893
コスタコーヒー「カフェ」https://www.coca-cola.com/jp/ja/brands/costacoffee/cafe

第6章 第3節

ピエール・ブルデュー著、石井洋二郎訳『〈普及版〉ディスタンクシオン I,II』、藤原書店、2020年
Corriere della Sera「Milano, caffè al bar più caro: l'espresso vola a 1,50 euro. «Colpa dell'inflazione, ma rischiamo di perdere clienti»」https://milano.corriere.it/notizie/cronaca/24_agosto_31/milano-caffe-al-bar-

Results/default.aspx
World Population Review「Starbucks Stores by Country 2024」https://worldpopulationreview.com/country-rankings/starbucks-stores-by-country
JETRO「中国のコーヒー店舗数が世界最多に、米国を抜く」https://www.jetro.go.jp/biznews/2023/12/663e26cac99d497f.html
中国学 .com「スタバを迎え撃つ中華系カフェチェーンの挑戦」https://sinology-initiative.com/economy/1113/2
Starbucks Coffee Company（イタリア版） https://www.starbucks.it
Starbucks Stories EMEA「Starbucks Arrives in Milan: Roastery Honors Italian Espresso Culture, Design and Craft」https://stories.starbucks.com/emea/stories/2018/43992/
Starbucks Reserve™ Roastery Milano https://www.roastery.starbucks.it
Princi https://www.princi.com
キーコーヒー「エスプレッソとコーヒーはどう違う？基礎知識や楽しみ方を紹介」https://www.keycoffee.co.jp/shallwedrip/coffeeknowledge/difference-between-espresso-and-coffee
Milano Today「Milano, apre un altro Starbucks: il re del Frappuccino sbarca in stazione Centrale」https://www.milanotoday.it/attualita/starbucks-centrale.html
Gambero Rosso「Starbucks alla Conquista di Milano e dell'Italia. Intanto aprono I primi punti vendita (e finalmente Frappuccino)」https://www.gamberorosso.it/notizie/starbucks-alla-conquista-di-milano-e-dell-italia-intanto-aprono-i-primi-punti-vendita-e-finalmente-frappuccino
Corriere della Sera「Starbucks apre il suo primo Flagship Store in piazza San Silvestro: «Where Coffee Meets Art»」https://roma.corriere.it/notizie/cronaca/24_novembre_15/starbucks-apre-il-suo-primo-flagship-store-in-piazza-san-silvestro-where-coffee-meets-art-c1e726d7-9566-4ceb-8bc2-0ea2a81e4xlk.shtml
la Repubblica「Il logo di Starbucks sulla vetrina della storica pasticceria milanese: la fake news impazza sul web」https://milano.repubblica.it/cronaca/2018/08/28/news/starbucks_milano_pasticceria_cucchi_

The Museum at FIT　https://www.fitnyc.edu/museum
Museo del Tessuto　https://www.museodeltessuto.it
Uffizi Galleries「Museum of Costume and Fashion」https://www.uffizi.it/en/pitti-palace/costume-and-fashion-museum
Eur S.p.A.「Palazzo della Civiltà Italiana」https://www.eurspa.it/it/asset-property/patrimonio/edifici-storici/palazzo-civilta-italiana
Museo Ferragamo　https://museo.ferragamo.com/it
資生堂ギャラリー　https://gallery.shiseido.com/jp
資生堂パーラー　https://parlour.shiseido.co.jp
シャネル・ネクサス・ホール　https://nexushall.chanel.com
Espace Louis Vuitton Tokyo　https://www.espacelouisvuittontokyo.com/ja
Espace Louis Vuitton Osaka　https://www.espacelouisvuittontokyo.com/ja/osaka
エルメス「銀座メゾンエルメス」https://www.hermes.com/jp/ja/content/maison-ginza
Armani/Dorci　https://www.armanidolci.com
Guido Gobino　https://guidogobino.com
Dolce&Gabbana「Food&Beverage」https://www.dolcegabbana.com/en-us/foodandbeverage
Donnafugata「Dolce&Gabbana e Donnafugata」https://www.donnafugata.it/it/collection/dolce-gabbana-e-donnafugata/?srsltid=AfmBOoq5gf7a5_Y9DkrYFHyi5cI5YZHSkhc-1xQ2n7jA1MFDAafICFC-
Fiasconaro　https://www.fiasconaro.com
Pasticceria Confetteria Cova　https://www.pasticceriacova.com
LVMH　https://www.lvmh.com/jp
UNIQLO Sustainability / THE POWER OF CLOTHING　https://www.uniqlo.com/jp/ja/contents/sustainability

第6章 第2節

Starbucks Coffee Company「Starbucks Reports Q4 and Full Fiscal Year 2024 Results」
https://investor.starbucks.com/news/financial-releases/news-details/2024/Starbucks-Reports-Q4-and-Full-Fiscal-Year-2024-

全日本コーヒー協会　https://coffee.ajca.or.jp
So, Coffee?「【コーヒーの基本（6）】サードウェーブ編」https://journal.ucc.co.jp/column/2305
New York Café　https://newyorkcafe.hu
Pasticceria Confetteria Cova　https://www.pasticceriacova.com
Corriere della Sera「Milano, 1943: una mostra ricorda la città da ricostruire dopo le bombe」https://milano.corriere.it/notizie/cronaca/20_ottobre_08/milano-1943-mostra-ricorda-citta-ricostruire-le-bombe-50f2e132-098a-11eb-86e2-3854c59f54db.shtml

第5章 第3節

藤井崇・青谷秀紀・古谷大輔・坂本優一郎・小野沢透編著『論点・西洋史学』ミネルヴァ書房、2020年
遠藤泰生・小田悠生編著『はじめて学ぶアメリカの歴史と文化』ミネルヴァ書房、2023年
旦部幸博『珈琲の世界史』講談社現代新書、2017年
全日本コーヒー協会「ICOとは」https://coffee.ajca.or.jp/about/ico
Tea & Coffee Trade Journal　https://www.teaandcoffee.net
日本スペシャルティコーヒー協会「スペシャルティコーヒーの定義」https://scaj.org/about/specialty-coffee
Specialty Coffee Association　https://sca.coffee
Starbucks Coffee Japan　https://www.starbucks.co.jp
Starbucks Coffee Company　https://www.starbucks.com
Caffe Trieste　https://caffetrieste.com
So, Coffee?「アメリカのコーヒーブームを牽引する、サンフランシスコのコーヒーストーリー。」https://journal.ucc.co.jp/column/110

第6章 第1節

ジェラート ピケ カフェ　https://pique-cafe.com
J.S. BURGERS CAFÉ　https://www.js-burgers-cafe.jp
京都服飾文化研究財団　https://www.kci.or.jp
神戸ファッション美術館　https://www.fashionmuseum.jp
Palais Galliera　https://www.palaisgalliera.paris.fr
Les Arts Décoratifs　https://madparis.fr/en

第5章 第1節
上垣豊編著『はじめて学ぶフランスの歴史と文化』ミネルヴァ書房、2020年
遠藤泰生・小田悠生編著『はじめて学ぶアメリカの歴史と文化』ミネルヴァ書房、2023年
北村暁夫・伊藤武編著『近代イタリアの歴史』ミネルヴァ書房、2012年
君塚直隆『イギリスの歴史』河出書房新社、2022年
武田尚子『チョコレートの世界史』中公新書、2010年
旦部幸博『珈琲の世界史』講談社現代新書、2017年
南直人・谷口健治・北村晶史・進藤修一編著『はじめて学ぶドイツの歴史と文化』ミネルヴァ書房、2020年
酒井晶代「森永製菓の児童文化関連事業：昭和初期の状況・池田文痴菴文庫を手がかりとして」『愛知淑徳大学論集 メディアプロデュース学部篇』第5号、17～32頁、2015年
田中直子日独伊親善図画の研究―日本における募集と審査の調査―」『GA Journal 東京藝術大学大学院国際芸術創造研究科論集』第2号、27～51頁、2021年
ネスレ日本「ネスレの歩み」https://www.nestle.co.jp/aboutus/global#
Pastificio Di Martino　https://www.pastadimartino.it
森永製菓　https://www.morinaga.co.jp

第5章 第2節
上垣豊編著『はじめて学ぶフランスの歴史と文化』ミネルヴァ書房、2020年
遠藤泰生・小田悠生編著『はじめて学ぶアメリカの歴史と文化』ミネルヴァ書房、2023年
北村暁夫・伊藤武編著『近代イタリアの歴史』ミネルヴァ書房、2012年
クラウス・ティーレ=ドールマン著、平田達治・友田和秀訳『ヨーロッパのカフェ文化』大修館書店、2000年
下斗米伸夫編著『ロシアの歴史を知るための50章』明石書店、2016年
旦部幸博『珈琲の世界史』講談社現代新書、2017年
日本インスタントコーヒー協会　https://instant-coffee.ajca.or.jp/_preview/#
モリナガデジタルミュージアム「インスタントコーヒー」https://www.morinaga.co.jp/museum/history/detail/product/80

2020年
君塚直隆『貴族とは何か』新潮社、2023年
クラウス・ティーレ＝ドールマン著、平田達治・友田和秀訳『ヨーロッパのカフェ文化』大修館書店、2000年
下斗米伸夫編著『ロシアの歴史を知るための50章』明石書店、2016年
杉本淑彦・竹中幸史編著『教養のフランス近現代史』ミネルヴァ書房、2015年
中野隆生・加藤玄編著『フランスの歴史を知るための50章』明石書店、2020年
クリストフ・シャルル著、白鳥義彦訳『「知識人」の誕生』藤原書店、2006年。
J・P・クレスペル著、藤田尊潮訳『モンパルナスのエコール・ド・パリ』八坂書房、2013年
サラ・ベイクウェル著、向井和美訳『実存主義者のカフェにて』紀伊国屋書店、2024年
間瀬幸江「狂乱の時代の表舞台 モンパルナスのカフェ」『人文社会学論叢』第23号、23～33頁、2014年
図録社制作『マリー・ローランサンとモード』、美術デザイン研究所、2023年
東京都庭園美術館「1925 アール・デコ博 パヴィリオン訪問 第14回『日本館』（最終回）」https://www.teien-art-museum.ne.jp/archive/expo_artdeco/index.html
岐阜県図書館「Gazette du Bon Ton（ガゼット・デュ・ボン・トン）」https://www.library.pref.gifu.lg.jp/find-books/digital-collection/fashion-related/gazette.html
La Rotonde　https://larotonde-montparnasse.fr
La Coupole　https://www.lacoupole-paris.com/en
Les Deux Magots　https://lesdeuxmagots.fr
Bunkamura「Bunkamura ドゥマゴ文学賞」https://www.bunkamura.co.jp/bungaku
ドゥ マゴ パリ　https://www.bunkamura.co.jp/magots
Café de Flore　https://cafedeflore.fr
NHK「名著48『実存主義とは何か』：100分 de 名著」https://www.nhk.or.jp/meicho/famousbook/48_jitsuzon/index.html

ユーハイム　https://www.juchheim.co.jp
FASHIONSNAP「銀座伝説のカフェ『カフェ・ユーロップ』が100年ぶりに復活」『fashionsnap』https://www.fashionsnap.com/article/2017-04-16/cafe-europe

第4章 第2節

岩城卓二・上島享・河西秀哉・塩出浩之・谷川穣・告井幸男編著『論点・日本史学』ミネルヴァ書房、2022年
佐藤裕一『フランソア喫茶室』北斗書房、2010年
旦部幸博『珈琲の世界史』講談社現代新書、2017年
山路勝彦『美人座物語』関西学院大学出版会、2023年
國雄行『博覧会と明治の日本』吉川弘文館、2010年
林芙美子『放浪記』新潮文庫、1979年
太宰治『人間失格』新潮文庫、1952年
瓜生通信「パンの都 ―パン愛がとまらない町、京都のいま昔＃2」https://uryu-tsushin.kyoto-art.ac.jp/detail/1180
国立公文書館「激動幕末 ―開国の衝撃―」https://www.archives.go.jp/exhibition/digital/bakumatsu/index.html
ジャパンナレッジ「明治維新」https://japanknowledge.com/introduction/keyword.html?i=1939
国立国会図書館「博覧会 近代技術の展示場」https://www.ndl.go.jp/exposition/index.html
新宿中村屋「中村屋の歴史明治（創業前史〜）」https://www.nakamuraya.co.jp/pavilion/history
千疋屋総本店「千疋屋の歴史」https://www.sembikiya.co.jp/touch-2
コロンバン「コロンバンの歴史」https://www.colombin.co.jp/corporate/history1.php
進々堂　https://www.shinshindo.jp
西洋軒　http://seiyoken.net

第4章 第3節

朝比奈美知子・横山安由美編著『フランス文化55のキーワード』ミネルヴァ書房、2011年
上垣豊編著『はじめて学ぶフランスの歴史と文化』ミネルヴァ書房、

第3章 第3節
朝比奈美知子・横山安由美編著『フランス文化 55 のキーワード』ミネルヴァ書房、2011 年
川成洋編著『ハプスブルク家の歴史を知るための 60 章』明石書店、2024 年
クラウス・ティーレ＝ドールマン著、平田達治・友田和秀訳『ヨーロッパのカフェ文化』大修館書店、2000 年
杉本淑彦・竹中幸史編著『教養のフランス近現代史』ミネルヴァ書房、2015 年
関田淳子『ハプスブルク家のお菓子』新人物文庫、2011 年
中野隆生・加藤玄編著『フランスの歴史を知るための 50 章』明石書店、2020 年
たばこと塩の博物館編集・発行『特別展やすらぎのオーストリア』2009 年
Maison Ladurée「Histoire」https://www.maisonladuree.com/maison-histoire
Café de la Paix　https://www.cafedelapaix.fr/en
Café Central　https://cafecentral.wien/en

第4章 第1節
臼井隆一郎『コーヒーが廻り世界史が廻る』中公新書、1992 年
川成洋編著『ハプスブルク家の歴史を知るための 60 章』明石書店、2024 年
北村暁夫・伊藤武編著『近代イタリアの歴史』ミネルヴァ書房、2012 年
君塚直隆『イギリスの歴史』河出書房新社、2022 年
旦部幸博『珈琲の世界史』講談社現代新書、2017 年
南直人・谷口健治・北村昌史・進藤修一編著『はじめて学ぶドイツの歴史と文化』ミネルヴァ書房、2020 年
林田敏子『戦う女、戦えない女』人文書院、2013 年
ネスレ日本「ネスレの歩み」https://www.nestle.co.jp/aboutus/global#
レファレンス協同データベース「インスタントコーヒーはいつ、誰が発明したものか。」https://crd.ndl.go.jp/reference/entry/index.php?id=1000349184&page=ref_view
ザイニ・ミラノ　https://www.zainimilano.com/ja/
Zaini SpA　https://www.zainispa.com/it/
本の万華鏡「第 2 章 ドイツ人俘虜がもたらした技術や文化」https://www.ndl.go.jp/kaleido/entry/7/2.html

things-to-do/ternis-st-valentine

第3章 第1節
君塚直隆『イギリスの歴史』河出書房新社、2022年
白田由樹・辻晶子編著『装飾の夢と転生 第一巻』国書刊行会、2022年
ルース・グッドマン著、小林由果訳『ヴィクトリア朝英国人の日常生活 上』原書房、2017年
V&A「The world's first museum café」https://www.vam.ac.uk/articles/a-first-of-its-kind-history-of-the-refreshment-rooms
ウィリアム・モリスの世界　https://www.william-morris.jp

第3章 第2節
川成洋編著『ハプスブルク家の歴史を知るための60章』明石書店、2024年
北村暁夫・伊藤武編著『近代イタリアの歴史』ミネルヴァ書房、2012年
杉本淑彦・竹中幸史編著『教養のフランス近現代史』ミネルヴァ書房、2015年
須賀敦子『ミラノ 霧の風景』白水社、2001年
土肥秀行・山手昌樹編著『教養のイタリア近現代史』ミネルヴァ書房、2017年
中澤達哉編『王のいる共和政』岩波書店、2022年
中野隆生・加藤玄編著『フランスの歴史を知るための50章』明石書店、2020年
南直人・谷口健治・北村昌史・進藤修一編著『はじめて学ぶドイツの歴史と文化』ミネルヴァ書房、2020年
Royal Warrant Holders Association　https://www.royalwarrant.org
Kungahuset「Kungliga hovleverantörer」https://www.kungahuset.se/kungl.-hovstaterna/kungliga-hovleverantorer
Emanuele Filiberto　https://www.emanuelefiliberto.eu
Eccellenza Italiana「Progetto Eccellenza Italiana」https://www.eccellenza-italiana.it/ECCELLENZAITALIANA_WEB/IT/Progetto_Eccellenza_Italiana-64156.awp
Pastiglie Leone　https://pastiglieleone.com
Baratti & Milano　https://www.barattiemilano.it

第2章 第1節
臼井隆一郎『コーヒーが廻り世界史が廻る』中公新書、1992年
角山栄『茶の世界史』中公新書、1980年
君塚直隆『イギリスの歴史』河出書房新社、2022年
武田尚子『チョコレートの世界史』中公新書、2010年
旦部幸博『珈琲の世界史』講談社現代新書、2017年
Pocket Coffee　https://www.pocketcoffee.it

第2章 第2節
朝比奈美知子・横山安由美編著『フランス文化55のキーワード』ミネルヴァ書房、2011年
上垣豊編著『はじめて学ぶフランスの歴史と文化』ミネルヴァ書房、2020年
R・シャルチエ著、福井憲彦訳『読書の文化史』新曜社、1992年
杉本淑彦・竹中幸史編著『教養のフランス近現代史』ミネルヴァ書房、2015年
中野隆生・加藤玄編著『フランスの歴史を知るための50章』明石書店、2020年
二宮宏之『ソシアビリテと権力の社会史』岩波書店、2011年
メルシエ著、原宏編訳『十八世紀パリ生活誌 上下』、岩波文庫、1989年
リン・ハント著、松浦義弘訳『フランス革命の政治文化』平凡社、1989年

第2章 第3節
イスクラ『ノスタルジア喫茶』グラフィック社、2021年
角山栄『茶の世界史』中公新書、1980年
下斗米伸夫編著『ロシアの歴史を知るための50章』明石書店、2016年
沼野恭子『ロシア文学の食卓』ちくま文庫、2022年
ルピシア「ロシアのお茶文化」https://www.lupicia.com/magazine/2018/02/special.html
モロゾフ　https://www.morozoff.co.jp
髙島屋オンラインストア「日本のバレンタインデー文化を解説｜恋人や家族にプレゼントを贈ろう」https://www.takashimaya.co.jp/shopping/gift/story/A15970/A18001
Vivi Terni「Terni's St. Valentine」https://turismo.comune.terni.it/en/

参考文献

第1章 第1節

臼井隆一郎『コーヒーが廻り世界史が廻る』中公新書、1992年
角山栄『茶の世界史』中公新書、1980年
川北稔『砂糖の世界史』岩波ジュニア新書、1996年
金七紀男『ポルトガル史〔増補新版〕ルネサンス版』彩流社、2022年
武田尚子『チョコレートの世界史』中公新書、2010年
旦部幸博『珈琲の世界史』講談社現代新書、2017年
羽田正編『グローバル・ヒストリーの可能性』山川出版社、2017年
ベネディクト・アンダーソン著、白石隆・白石さや訳『定本 想像の共同体』書籍工房早山、2007年
水島司『グローバル・ヒストリー入門』山川出版社、2010年
桃木至朗責任編集『ものがつなぐ世界史』ミネルヴァ書房、2021年
イマニュエル・ウォーラーステイン著、山下範久訳『入門 世界システム分析』藤原書店、2006年

第1章 第2節

臼井隆一郎『コーヒーが廻り世界史が廻る』中公新書、1992年
川北稔編『結社のイギリス史』山川出版社、2005年
角山栄『茶の世界史』中公新書、1980年
君塚直隆『イギリスの歴史』河出書房新社、2022年
旦部幸博『珈琲の世界史』講談社現代新書、2017年
BBC NEWS JAPAN「『ブルカ』発言で非難されるジョンソン前英外相 質問答えず記者にお茶を」https://www.bbc.com/japanese/45165868
総務省統計局「令和3年経済センサス - 活動調査 調査の結果」https://www.stat.go.jp/data/e-census/2021/kekka/index.html

第1章 第3節

川成洋編著『ハプスブルク家の歴史を知るための60章』明石書店、2024年
齊藤寛海編『イタリア史2』山川出版社、2021年
藤内哲也編著『はじめて学ぶイタリアの歴史と文化』ミネルヴァ書房、2016年

Cafés: Windows into History and Culture

著者略歴
増永菜生（ますなが・なお）
福井県生まれ。2017年よりイタリア・ミラノ在住。専門はルネサンス期イタリア史。京都大学文学部、同文学研究科修士課程を経て、一橋大学大学院博士課程単位取得満期退学。2021年から現在まで、ローマ第一大学サピエンツァ博士課程在学。カフェや美術館を巡るのを趣味とする。本書が初著書となる。

SB新書　683

カフェの世界史《せかいし》

2025年2月15日　初版第1刷発行

著　　者　増永菜生《ますながなお》
発 行 者　出井貴完
発 行 所　SBクリエイティブ株式会社
〒105-0001 東京都港区虎ノ門2-2-1
装　　幀　杉山健太郎
イラスト　ミツマチヨシコ
章扉・図版 DTP　クニメディア株式会社
校　　正　有限会社あかえんぴつ
編　　集　北 堅太
印刷・製本　中央精版印刷株式会社

本書をお読みになったご意見・ご感想を下記URL、
または左記QRコードよりお寄せください。
https://isbn2.sbcr.jp/28826/

落丁本、乱丁本は小社営業部にてお取り替えいたします。定価はカバーに記載されております。
本書の内容に関するご質問等は、小社学芸書籍編集部まで必ず書面にて
ご連絡いただきますようお願いいたします。

ISBN 978-4-8156-2882-6